# ALLES ÜBER DEN KÖRPER

**Text von Kate Barnes**

**Illustrationen von Steve Weston**

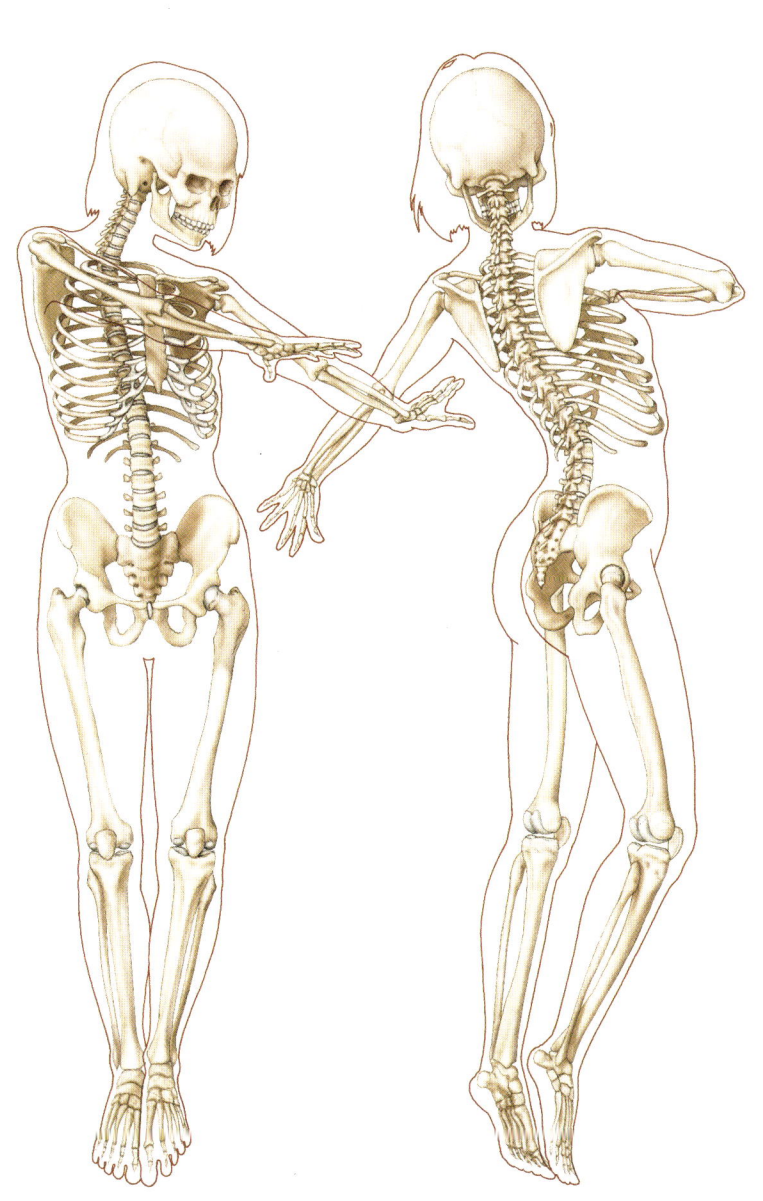

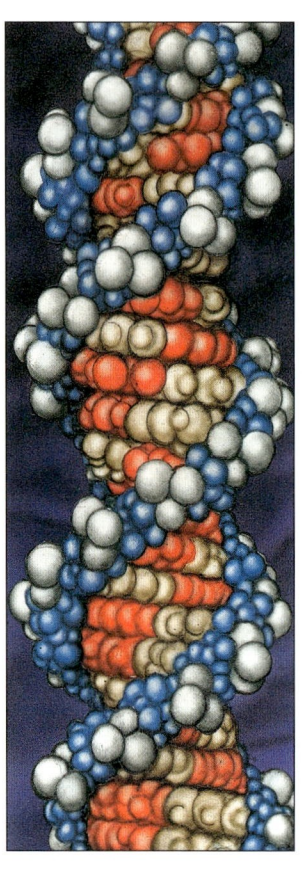

Printed in Slovenia 2009

ISBN 978-3-86706-102-5

www.premio-verlag.de

# INHALT

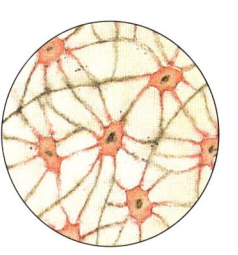

# So arbeitet dein Körper

**W**ie sieht es im Inneren des menschlichen Körpers aus und wie funktioniert er? Die folgenden Seiten werden dich auf eine Entdeckungsreise durch den Körper führen. Du wirst dabei herausfinden, wie jedes System des Körpers für sich arbeitet und wie alle diese Systeme zusammenwirken und uns so zu einem menschlichen Wesen machen. Du wirst entdecken, dass jeder Teil des Körpers seine eigene Aufgabe hat, wie wir die zum Leben notwendige Energie erhalten und wie wir uns vor Krankheiten schützen. Du wirst auch die fünf Sinne kennenlernen – Sehen, Hören, Fühlen, Schmecken und Riechen – und erfahren, wie alles, was wir denken und tun, vom Gehirn, in Verbindung mit unserem Nervensystem, gelenkt wird. Dieses Buch erklärt, wie und warum wir atmen, wie wir uns bewegen und auf welche Weise neues Leben entsteht und sich entwickelt.

*Die Handknochen sind aus vielen einzelnen Knochen zusammengesetzt und können schwierige Bewegungen ausführen.*

*Die Nieren liegen hinter dem Darm; sie filtern die Abfallstoffe und scheiden diese mit dem Urin aus.*

*Die Haut ist eine wasserdichte Hülle, die den ganzen Körper schützend bedeckt.*

*Das Skelett gibt ein starkes Gerüst für die Muskeln ab.*

*Wo Knochen auf Knochen treffen, gibt es Verbindungsstellen (Gelenke), die Bewegungen ermöglichen.*

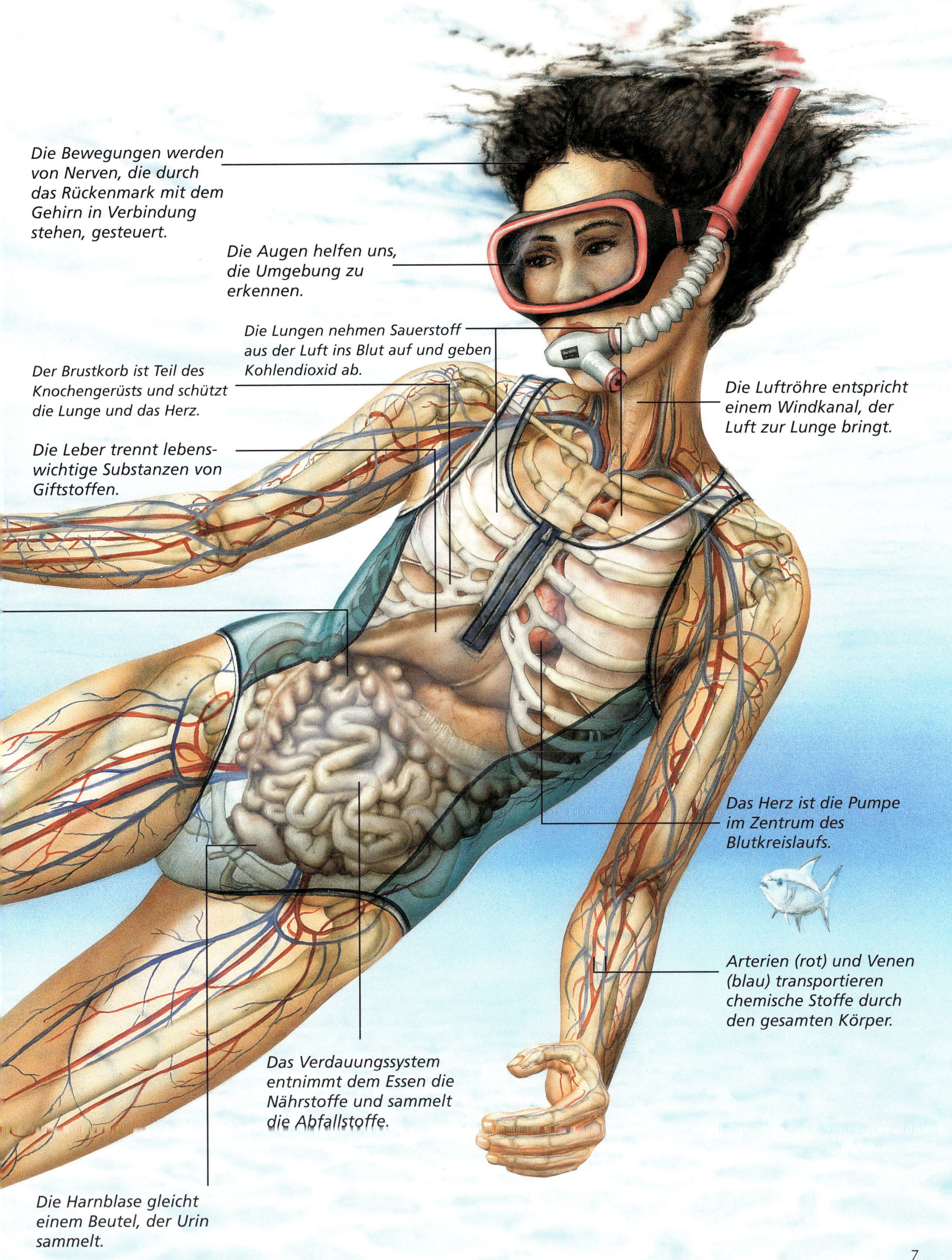

Die Bewegungen werden von Nerven, die durch das Rückenmark mit dem Gehirn in Verbindung stehen, gesteuert.

Die Augen helfen uns, die Umgebung zu erkennen.

Die Lungen nehmen Sauerstoff aus der Luft ins Blut auf und geben Kohlendioxid ab.

Der Brustkorb ist Teil des Knochengerüsts und schützt die Lunge und das Herz.

Die Leber trennt lebenswichtige Substanzen von Giftstoffen.

Die Luftröhre entspricht einem Windkanal, der Luft zur Lunge bringt.

Das Herz ist die Pumpe im Zentrum des Blutkreislaufs.

Arterien (rot) und Venen (blau) transportieren chemische Stoffe durch den gesamten Körper.

Das Verdauungssystem entnimmt dem Essen die Nährstoffe und sammelt die Abfallstoffe.

Die Harnblase gleicht einem Beutel, der Urin sammelt.

7

# Die Zellen

I n unserem Körper gibt es mehr als 50 Milliarden Zellen; jede davon so winzig, dass man sie mit dem bloßen Auge nicht erkennen kann. Mit Hilfe eines Mikroskops sind wir in der Lage, den Aufbau der Zelle zu studieren und zu erkennen, wie sie arbeitet. Fast alle Zellen haben einen Zellkern (Nucleus), der das Kontrollzentrum der Zelle bildet. Die Ribosomen erledigen alle Aufträge, die sie vom Zellkern erhalten. Sie arbeiten wie kleine Fabriken, die Eiweiß und andere lebenswichtige Stoffe herstellen. Um selbstständig zu arbeiten, benötigt die Zelle Energie, und diese Energie erhält sie aus der Nahrung, die wir zu uns nehmen. Die Kraftzentren der Zelle, die Mitochondrien, wandeln die Energie aus der Nahrung in eine Form um, in der sie genutzt werden kann.

*Diese verzweigten Röhren speichern chemische Stoffe und verteilen sie innerhalb der Zelle.*

*Die Zellmembran lässt nur bestimmte Nahrungsmittel, in Form von verschiedenen Zuckern, ins Innere passieren; umgekehrt strömen Abfallstoffe aus dem Zellinneren durch sie hindurch.*

*Zellbläschen zerlegen Substanzen im Zellinneren.*

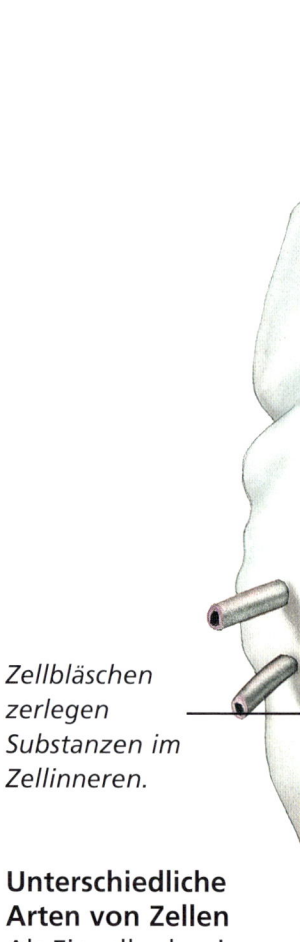

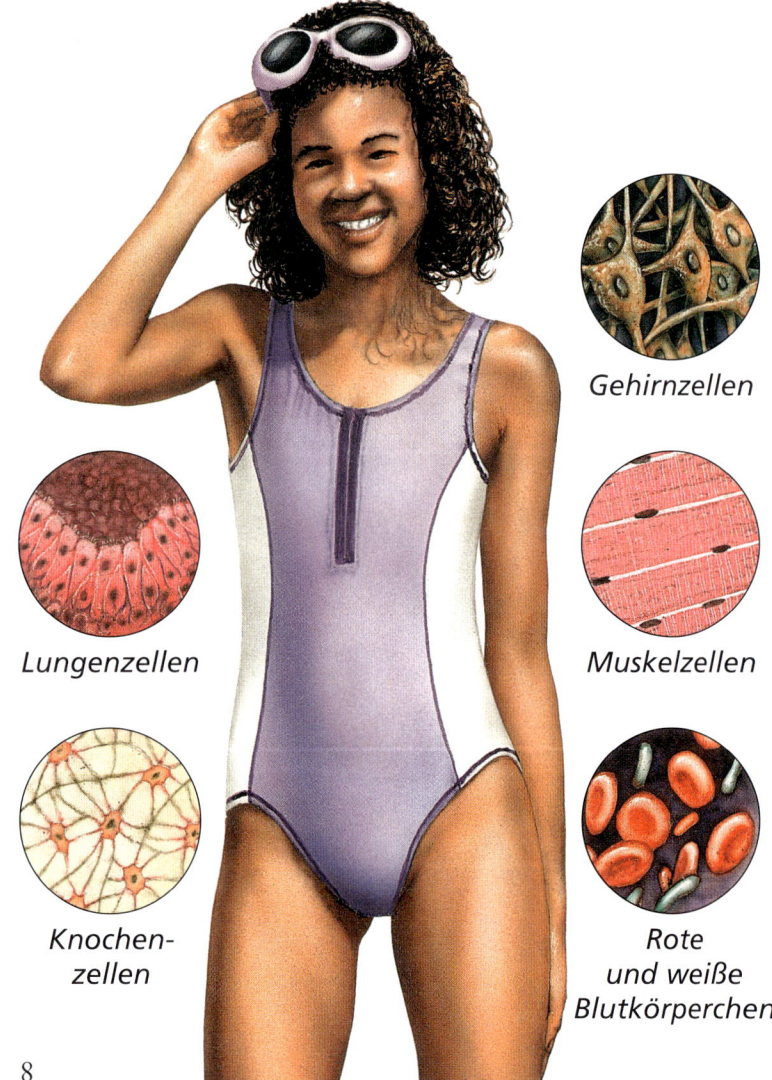

*Lungenzellen*

*Knochenzellen*

*Gehirnzellen*

*Muskelzellen*

*Rote und weiße Blutkörperchen*

### Unterschiedliche Arten von Zellen

Als Einzeller beginnen wir unser Leben; die eine Zelle teilt sich bald in zwei Zellen. Diese Zellen teilen sich wiederum, und so geht es weiter. Bald entwickeln sich unterschiedlich geformte und unterschiedlich große Zellen. Jede dieser Zellarten hat ihre eigene Aufgabe zu erledigen. Einzelne Zellen schließen sich zu größeren Gruppen zusammen, aus denen sich dann die Organe, wie das Gehirn und die Lunge, entwickeln *(siehe links)*. Wie lange eine Zelle lebt, hängt vor ihrer Art und ihrem Aufbau ab. Hautzellen altern schnell und werden ständig ausgetauscht. Gehirnzellen halten ein Leben lang und können, selbst wenn sie beschädigt wurden, nie wieder ersetzt werden.

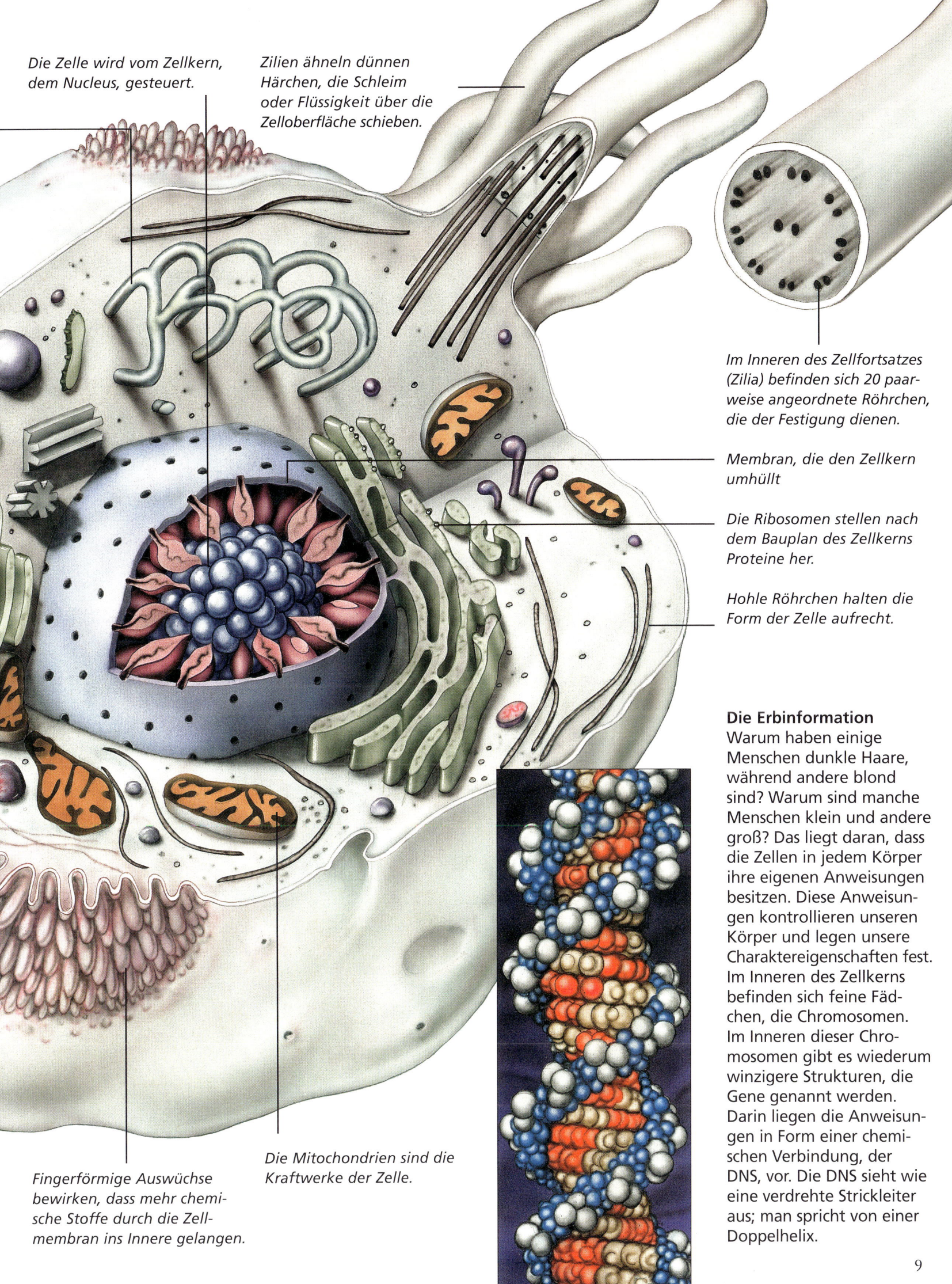

Die Zelle wird vom Zellkern, dem Nucleus, gesteuert.

Zilien ähneln dünnen Härchen, die Schleim oder Flüssigkeit über die Zelloberfläche schieben.

Im Inneren des Zellfortsatzes (Zilia) befinden sich 20 paarweise angeordnete Röhrchen, die der Festigung dienen.

Membran, die den Zellkern umhüllt

Die Ribosomen stellen nach dem Bauplan des Zellkerns Proteine her.

Hohle Röhrchen halten die Form der Zelle aufrecht.

**Die Erbinformation**
Warum haben einige Menschen dunkle Haare, während andere blond sind? Warum sind manche Menschen klein und andere groß? Das liegt daran, dass die Zellen in jedem Körper ihre eigenen Anweisungen besitzen. Diese Anweisungen kontrollieren unseren Körper und legen unsere Charaktereigenschaften fest. Im Inneren des Zellkerns befinden sich feine Fädchen, die Chromosomen. Im Inneren dieser Chromosomen gibt es wiederum winzige Strukturen, die Gene genannt werden. Darin liegen die Anweisungen in Form einer chemischen Verbindung, der DNS, vor. Die DNS sieht wie eine verdrehte Strickleiter aus; man spricht von einer Doppelhelix.

Fingerförmige Auswüchse bewirken, dass mehr chemische Stoffe durch die Zellmembran ins Innere gelangen.

Die Mitochondrien sind die Kraftwerke der Zelle.

9

# Der Blutkreislauf

Unser Blutkreislauf funktioniert wie ein Verkehrssystem, das Substanzen durch den Körper transportiert. Es besitzt Ähnlichkeit mit einem Straßennetz, mit großen Arterien als Hauptstraßen und sehr kleinen Gefäßen als Gassen. Das Blut selbst besteht aus einer Flüssigkeit, dem Plasma, und hauptsächlich aus zwei Arten von Zellen: den roten und den weißen Blutkörperchen. Die roten Blutkörperchen enthalten einen Stoff, der Haemoglobin genannt wird. Er sorgt dafür, dass Sauerstoff zu den Zellen gebracht wird. Die Aufgabe der weißen Blutkörperchen liegt darin, eindringende Krankheitserreger abzuwehren. Im Blut gibt es auch noch kleine Teilchen, die Blutplättchen, die die Blutgerinnung ermöglichen, wenn wir uns verletzt haben.

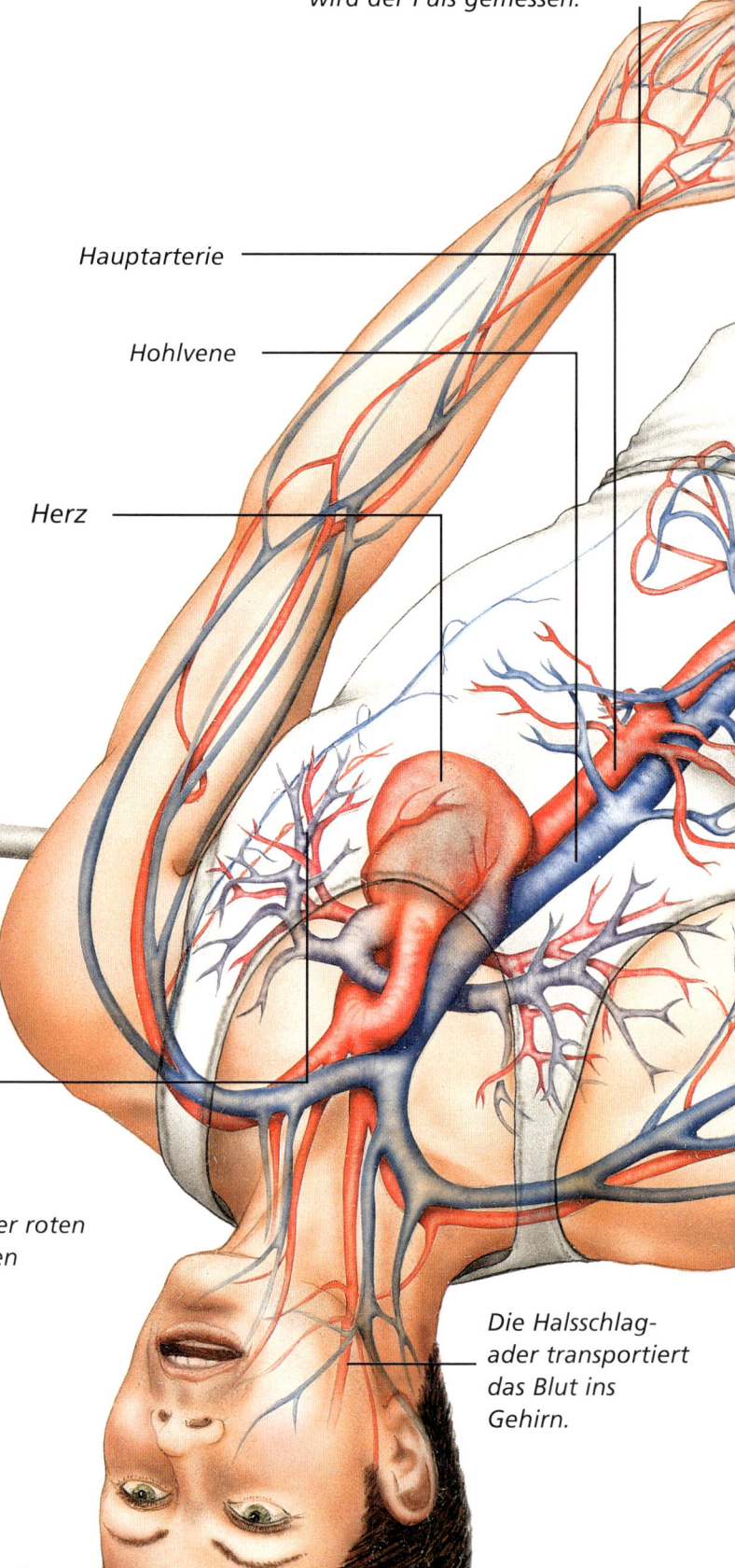

An der speichenwärtigen Arterie, die direkt unter der Haut liegt, wird der Puls gemessen.

Hauptarterie

Hohlvene

Herz

Blutgefäßsystem der Lunge

Die Halsschlagader transportiert das Blut ins Gehirn.

**Wunde**

**Verklumpte Blutplättchen**

**Schorf**

**Fibrinnetz über roten Blutkörperchen**

Verletztes Blutgefäß

**Ankommende Substanzen**

Heilung der Blutgefäßwand

## Die Blutgerinnung

Wenn wir uns schneiden, wird die Wand eines Blutgefäßes beschädigt. Die Blutung kommt erst zum Stillstand, sobald genug Blutplättchen die zerrissene Wand gestopft und andere Substanzen angefordert haben. Diese bilden faserige Stränge aus, das Fibrin, das ein dichtes Netz über die roten Blutzellen legt und so ein Blutgerinnsel bildet. Schorf ist die Verklumpung, die an der Hautoberfläche sichtbar wird.

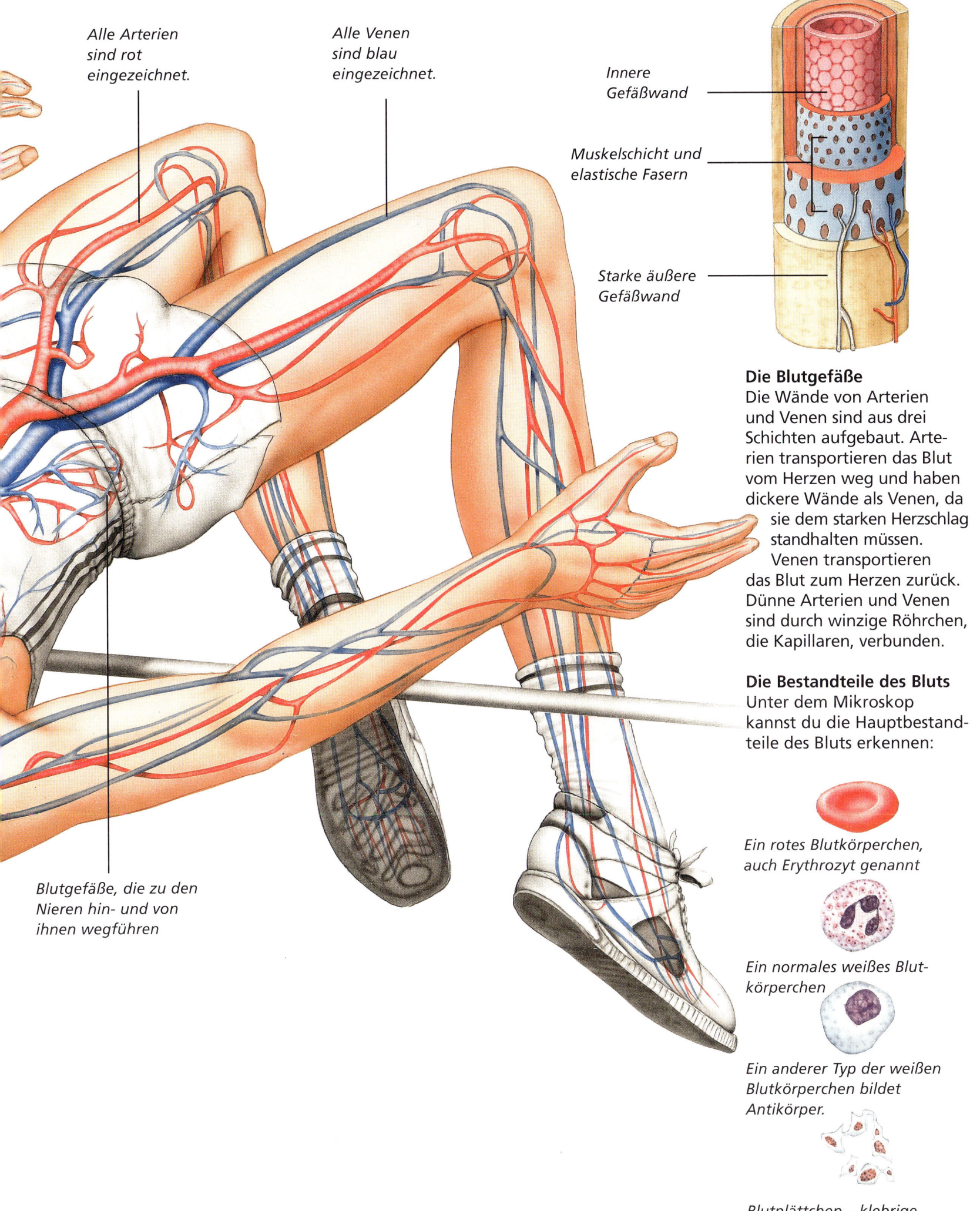

Alle Arterien
sind rot
eingezeichnet.

Alle Venen
sind blau
eingezeichnet.

Innere
Gefäßwand

Muskelschicht und
elastische Fasern

Starke äußere
Gefäßwand

## Die Blutgefäße

Die Wände von Arterien
und Venen sind aus drei
Schichten aufgebaut. Arterien transportieren das Blut
vom Herzen weg und haben
dickere Wände als Venen, da
sie dem starken Herzschlag
standhalten müssen.
Venen transportieren
das Blut zum Herzen zurück.
Dünne Arterien und Venen
sind durch winzige Röhrchen,
die Kapillaren, verbunden.

## Die Bestandteile des Bluts

Unter dem Mikroskop
kannst du die Hauptbestand-
teile des Bluts erkennen:

Ein rotes Blutkörperchen,
auch Erythrozyt genannt

Ein normales weißes Blut-
körperchen

Ein anderer Typ der weißen
Blutkörperchen bildet
Antikörper.

Blutplättchen – klebrige
Teilchen

Blutgefäße, die zu den
Nieren hin- und von
ihnen wegführen

11

# Das Herz

Das Herz ist die Pumpe im Zentrum unseres Blutkreislaufs. Der Herzmuskel ist sehr stark, da er das Blut durch alle Blutgefäße unseres Körpers pumpen muss. Das Herz zieht sich automatisch zusammen; die Anzahl dieser Schläge in der Minute wird als Herzfrequenz bezeichnet. Ein Erwachsener hat normalerweise eine Frequenz von 70. Bei der Geburt schlägt unser Herz viel schneller – bis zu zweimal so schnell. Noch bei einem Kind beträgt die Frequenz etwa 100 „Schläge" pro Minute.

Der Puls eines Menschen steigt, wenn er sich bewegt, da die arbeitenden Muskeln mehr Sauerstoff benötigen, der vom Blut transportiert wird. Wenn du deinen Puls fühlst – du findest ihn ganz leicht am Handgelenk –, kannst du deine eigene Herzfrequenz ermitteln. Lege dazu zwei Finger an die Unterseite des Handgelenks, dort wo die Arterien dicht unter der Haut liegen, und zähle die in der Minute spürbaren Herzschläge.

## Der Blutfluss

Die Abbildungen unten zeigen die Richtung, in der das Blut durchs Herz strömt. Die Lungenvenen transportieren das mit Sauerstoff angereicherte Blut aus der Lunge in den linken Vorhof (1). Durch die geöffnete Herzklappe fließt das Blut durch die linke Herzkammer (2) in die Aorta (3). Anschließend wird es durch den Körper gepumpt. Gleichzeitig kommt Blut am rechten Vorhof durch die Hohlvene an (1). Dieses Blut hat kaum noch

*Die Aorta ist die größte Arterie unseres Körpers.*

*Obere Hohlvene*

*Lungenarterien bringen Blut in die Lunge, damit es dort neu mit Sauerstoff angereichert wird.*

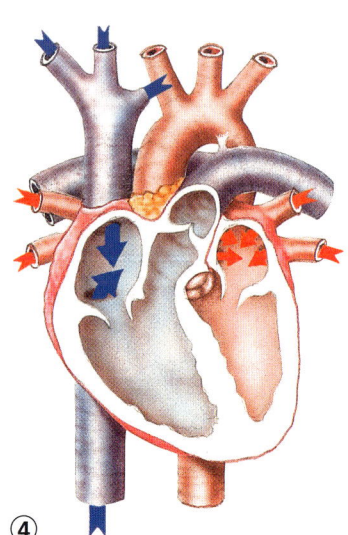

Sauerstoff, denn der wurde vom Körper aufgenommen. So fließt es zur rechten Herzkammer (2) und von dort in die Lungenarterie (3), um in der Lunge neuen Sauerstoff aufzunehmen. Dieser Kreislauf wiederholt sich ständig von neuem.

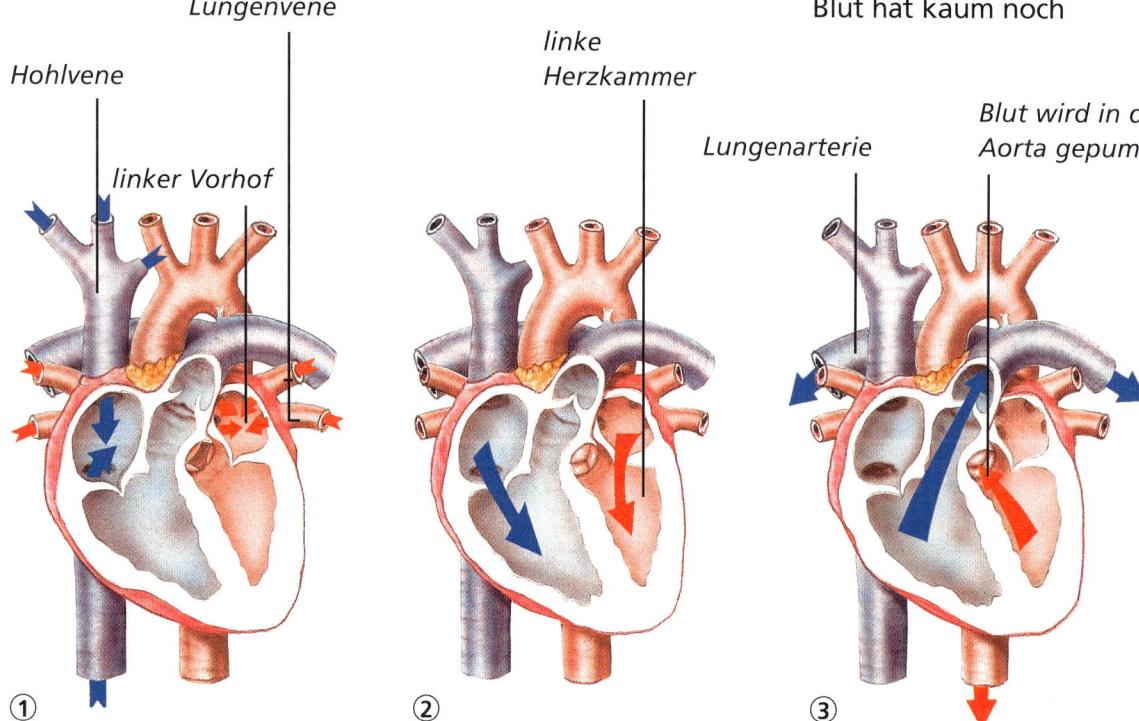

*Lungenvene*

*Hohlvene*

*linker Vorhof*

*linke Herzkammer*

*Lungenarterie*

*Blut wird in die Aorta gepumpt.*

① ② ③ ④

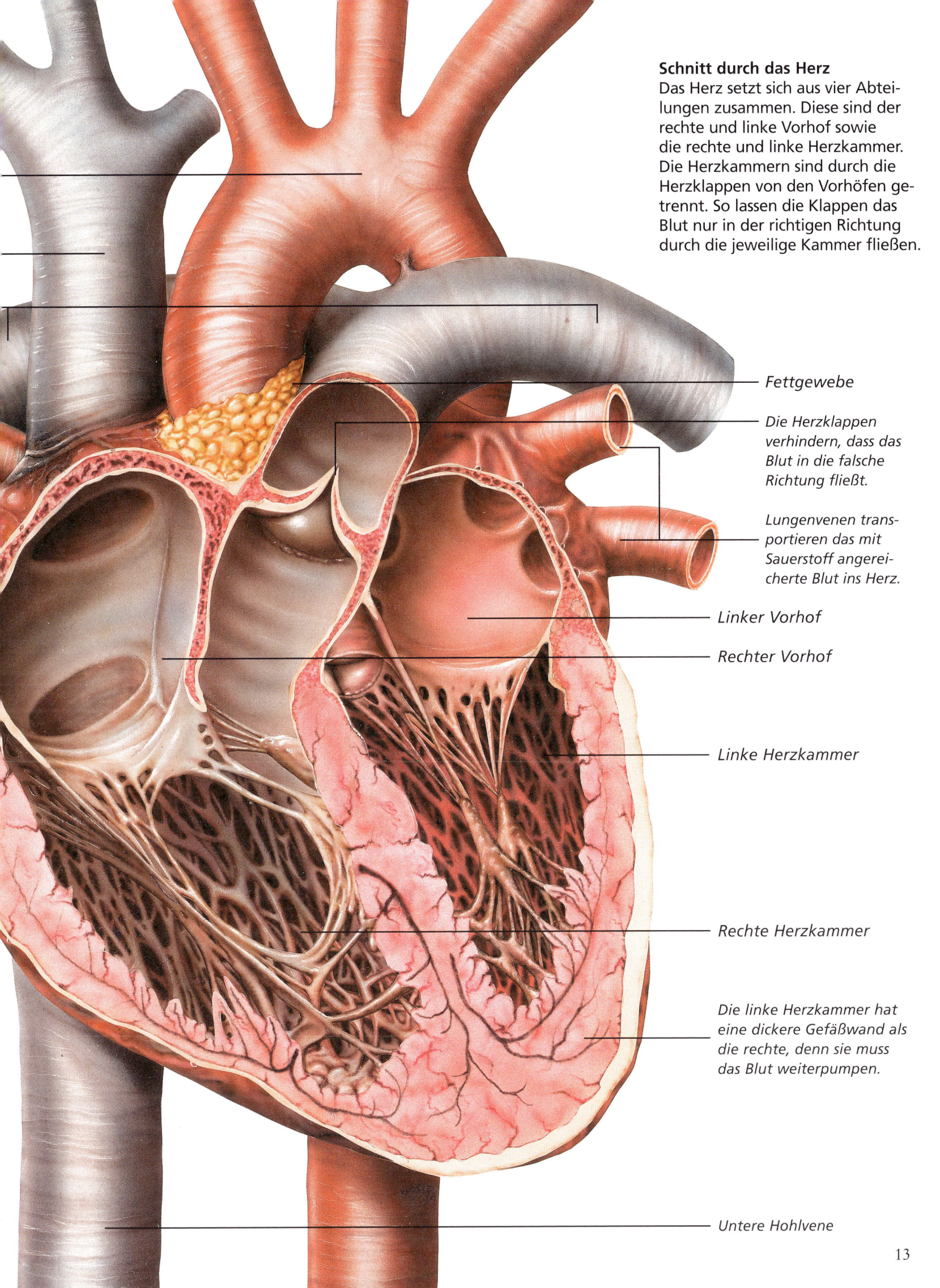

**Schnitt durch das Herz**
Das Herz setzt sich aus vier Abteilungen zusammen. Diese sind der rechte und linke Vorhof sowie die rechte und linke Herzkammer. Die Herzkammern sind durch die Herzklappen von den Vorhöfen getrennt. So lassen die Klappen das Blut nur in der richtigen Richtung durch die jeweilige Kammer fließen.

Fettgewebe

Die Herzklappen verhindern, dass das Blut in die falsche Richtung fließt.

Lungenvenen transportieren das mit Sauerstoff angereicherte Blut ins Herz.

Linker Vorhof

Rechter Vorhof

Linke Herzkammer

Rechte Herzkammer

Die linke Herzkammer hat eine dickere Gefäßwand als die rechte, denn sie muss das Blut weiterpumpen.

Untere Hohlvene

13

# Die Atmung

Wenn du einatmest, saugst du Luft ein, in der ein Gas, der Sauerstoff, enthalten ist. Dieser sorgt dafür, dass der Körper funktioniert. Erwachsene atmen durchschnittlich 18-mal pro Minute – Kinder atmen schneller. Beim Einatmen verhindern Haare und Schleim in der Nase sowie eine zähe Flüssigkeit in der Kehle, dass gefährlicher Staub oder Bakterien bis in die Lunge vordringen können. Die Luft strömt die Luftröhre (Trachea) hinab, durch die linke und rechte Bronchie hindurch in die Lungenflügel. Dabei bewegen sich die Rippen nach außen und das Zwerchfell nach unten, auf diese Weise kann sich die Lunge ausdehnen und mit Luft anfüllen. Beim Ausatmen verhält es sich genau umgekehrt.

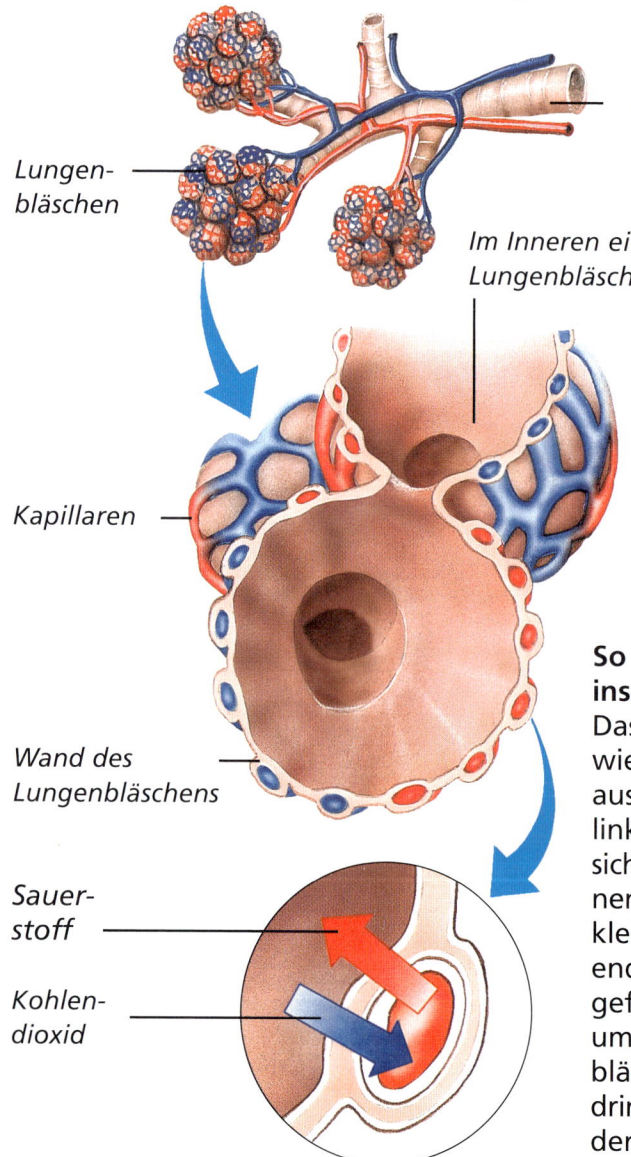

Bronchiole

Lungen-
bläschen

Im Inneren eines
Lungenbläschens

Kapillaren

Wand des
Lungenbläschens

Sauer-
stoff

Kohlen-
dioxid

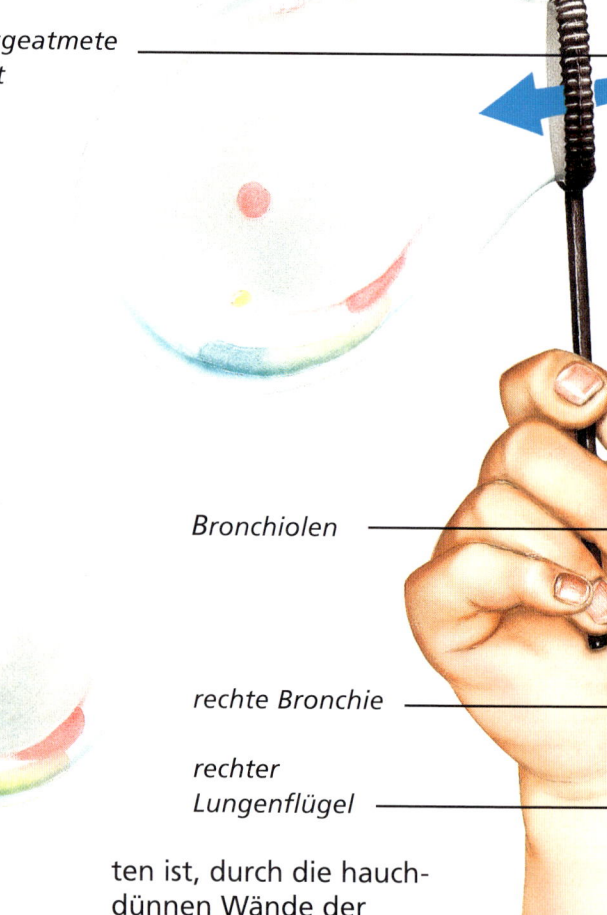

Ausgeatmete
Luft

Bronchiolen

rechte Bronchie

rechter
Lungenflügel

## So gelangt Sauerstoff ins Blut

Das Innere der Lunge sieht wie ein großer Schwamm aus. Die rechte und die linke Bronchie verzweigen sich in Tausende von kleinen Bronchiolen, die in kleinen Lungenbläschen enden. Haarfeine Blutgefäße, die Kapillaren, umschließen die Lungenbläschen. Beim Einatmen dringt der Sauerstoff, der in der Luft enthalten ist, durch die hauchdünnen Wände der Lungenbläschen in die Kapillaren. Dort gelangt er in das Blut und wird zu den Zellen unseres Körpers transportiert. Der Abfallstoff Kohlendioxid wird in die entgegengesetzte Richtung, von den Zellen durch die feinen Wände der Luftbläschen geleitet. Mit der ausgeatmeten Luft wird das Kohlendioxid wieder abgegeben.

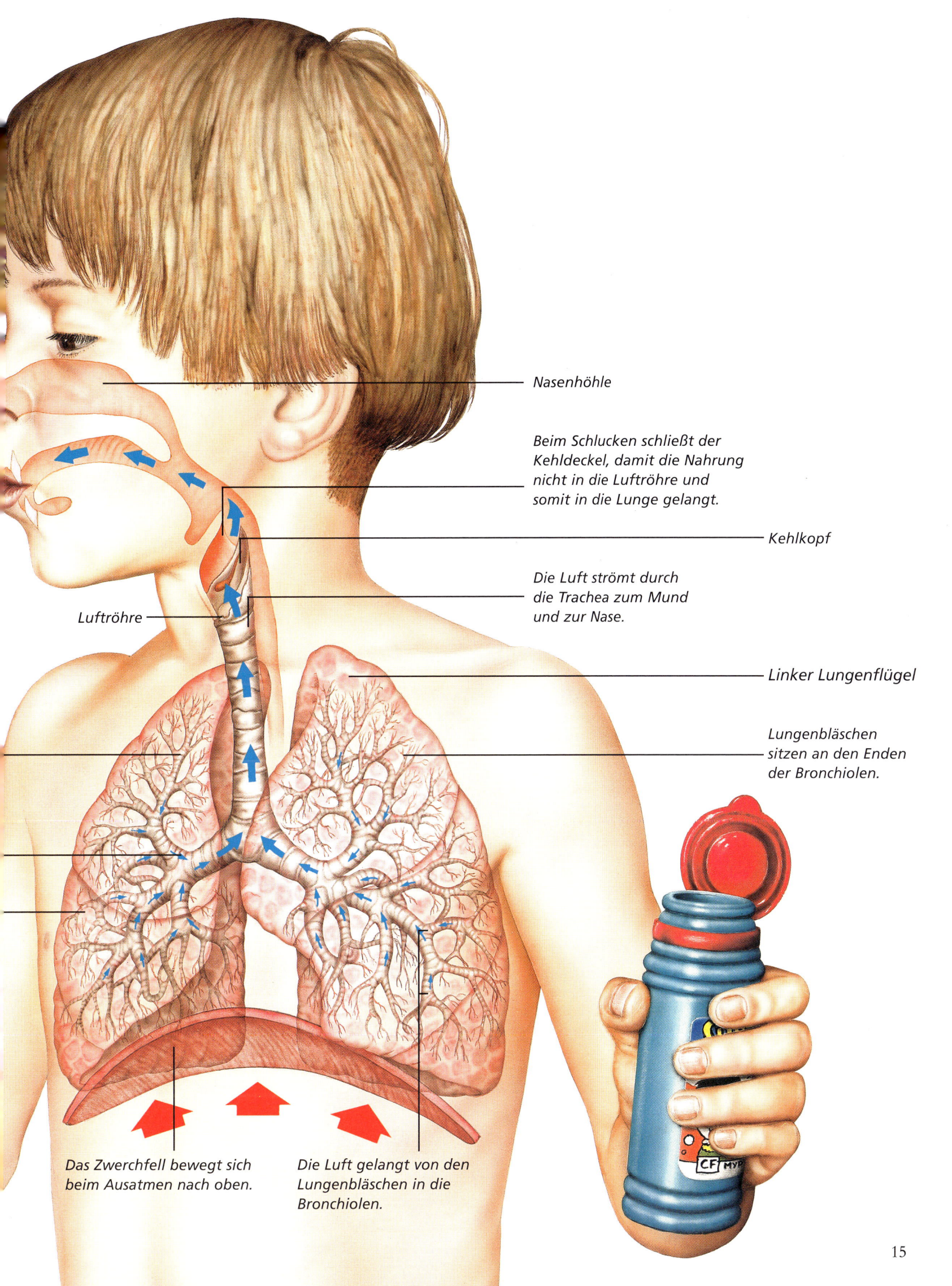

Nasenhöhle

Beim Schlucken schließt der Kehldeckel, damit die Nahrung nicht in die Luftröhre und somit in die Lunge gelangt.

Kehlkopf

Die Luft strömt durch die Trachea zum Mund und zur Nase.

Linker Lungenflügel

Lungenbläschen sitzen an den Enden der Bronchiolen.

Luftröhre

Das Zwerchfell bewegt sich beim Ausatmen nach oben.

Die Luft gelangt von den Lungenbläschen in die Bronchiolen.

# Das Skelett

Das menschliche Skelett besteht aus mehr als 200 Knochen. Es dient den Muskeln als Befestigung und schützt die empfindlicheren Organe des Körpers. Das Gehirn wird zum Beispiel vom Schädel geschützt und die Lungen durch die Rippen. Je nach Funktion unterscheiden sich die Knochen in ihrer Größe und ihrer Form voneinander. Die Wirbelsäule setzt sich aus 33 einzelnen Knochen zusammen. Sie ist so geformt, dass sie zum einen das Rückenmark schützen kann, das durch sie hindurchzieht, und zum anderen den Rückenmuskeln als Aufhängung dient. Das Skelett eines Mannes unterscheidet sich von dem einer Frau. Beispielsweise ist das weibliche Becken so gestaltet, dass es einem Baby einen sicheren Weg durch den Geburtskanal ermöglicht.

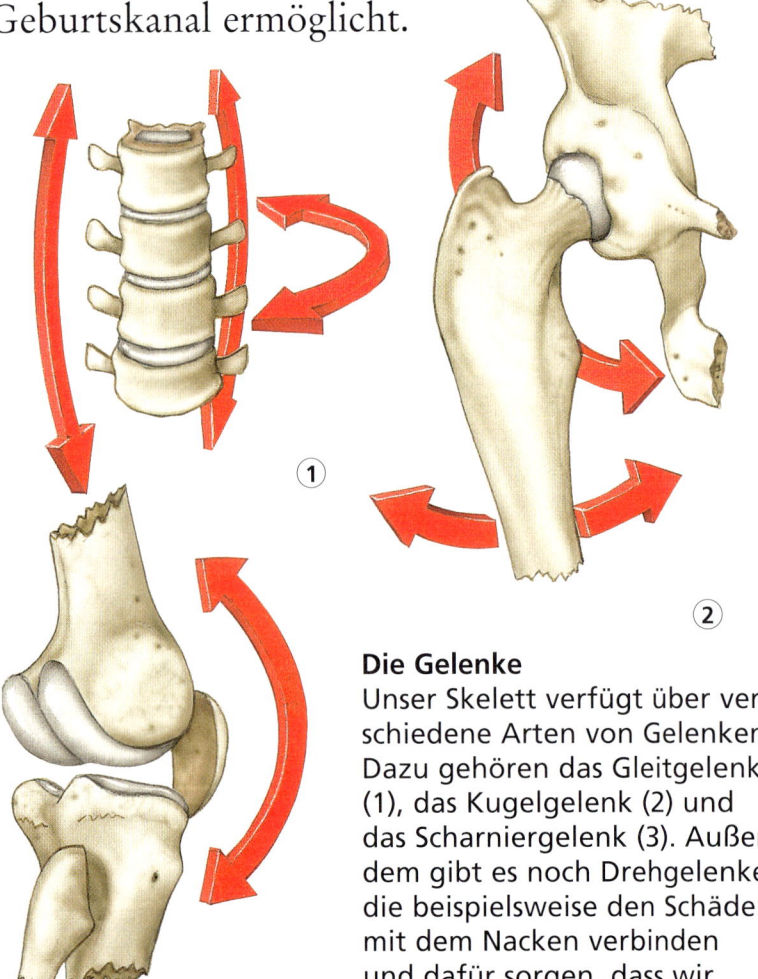

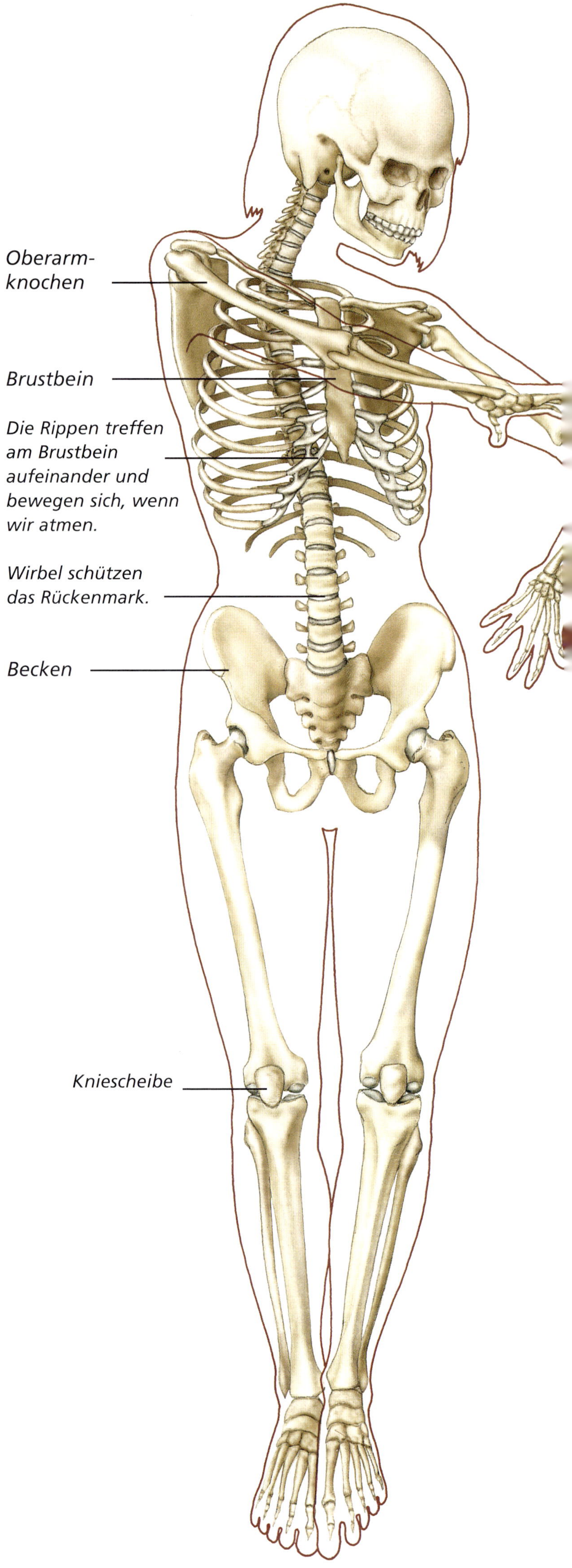

① ② ③

**Die Gelenke**
Unser Skelett verfügt über verschiedene Arten von Gelenken. Dazu gehören das Gleitgelenk (1), das Kugelgelenk (2) und das Scharniergelenk (3). Außerdem gibt es noch Drehgelenke, die beispielsweise den Schädel mit dem Nacken verbinden und dafür sorgen, dass wir den Kopf in alle Richtungen bewegen können.

Oberarm-
knochen

Brustbein

Die Rippen treffen am Brustbein aufeinander und bewegen sich, wenn wir atmen.

Wirbel schützen das Rückenmark.

Becken

Kniescheibe

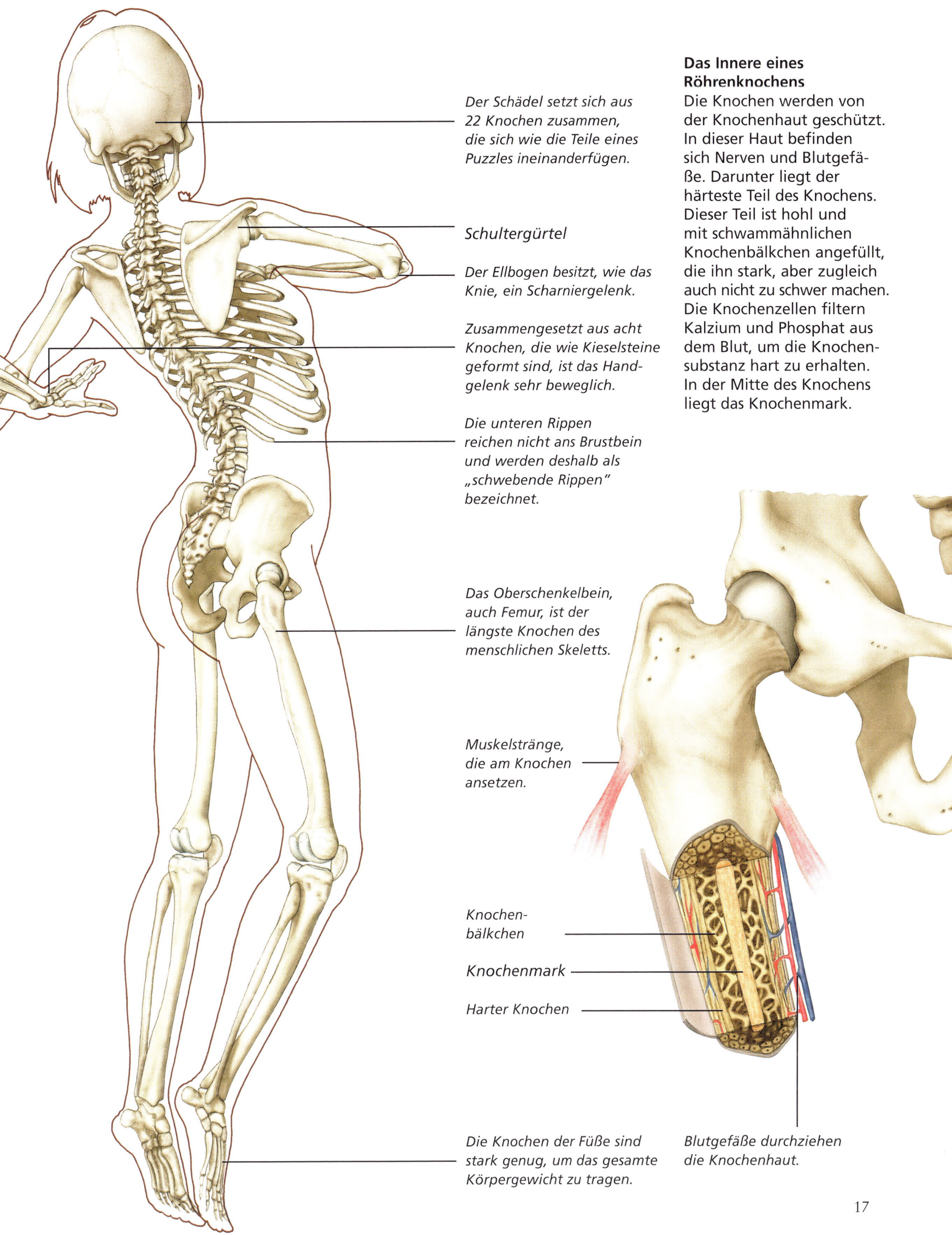

Der Schädel setzt sich aus 22 Knochen zusammen, die sich wie die Teile eines Puzzles ineinanderfügen.

Schultergürtel

Der Ellbogen besitzt, wie das Knie, ein Scharniergelenk.

Zusammengesetzt aus acht Knochen, die wie Kieselsteine geformt sind, ist das Handgelenk sehr beweglich.

Die unteren Rippen reichen nicht ans Brustbein und werden deshalb als „schwebende Rippen" bezeichnet.

Das Oberschenkelbein, auch Femur, ist der längste Knochen des menschlichen Skeletts.

Muskelstränge, die am Knochen ansetzen.

Knochen-bälkchen

Knochenmark

Harter Knochen

Die Knochen der Füße sind stark genug, um das gesamte Körpergewicht zu tragen.

## Das Innere eines Röhrenknochens

Die Knochen werden von der Knochenhaut geschützt. In dieser Haut befinden sich Nerven und Blutgefäße. Darunter liegt der härteste Teil des Knochens. Dieser Teil ist hohl und mit schwammähnlichen Knochenbälkchen angefüllt, die ihn stark, aber zugleich auch nicht zu schwer machen. Die Knochenzellen filtern Kalzium und Phosphat aus dem Blut, um die Knochensubstanz hart zu erhalten. In der Mitte des Knochens liegt das Knochenmark.

Blutgefäße durchziehen die Knochenhaut.

17

# Die Muskeln

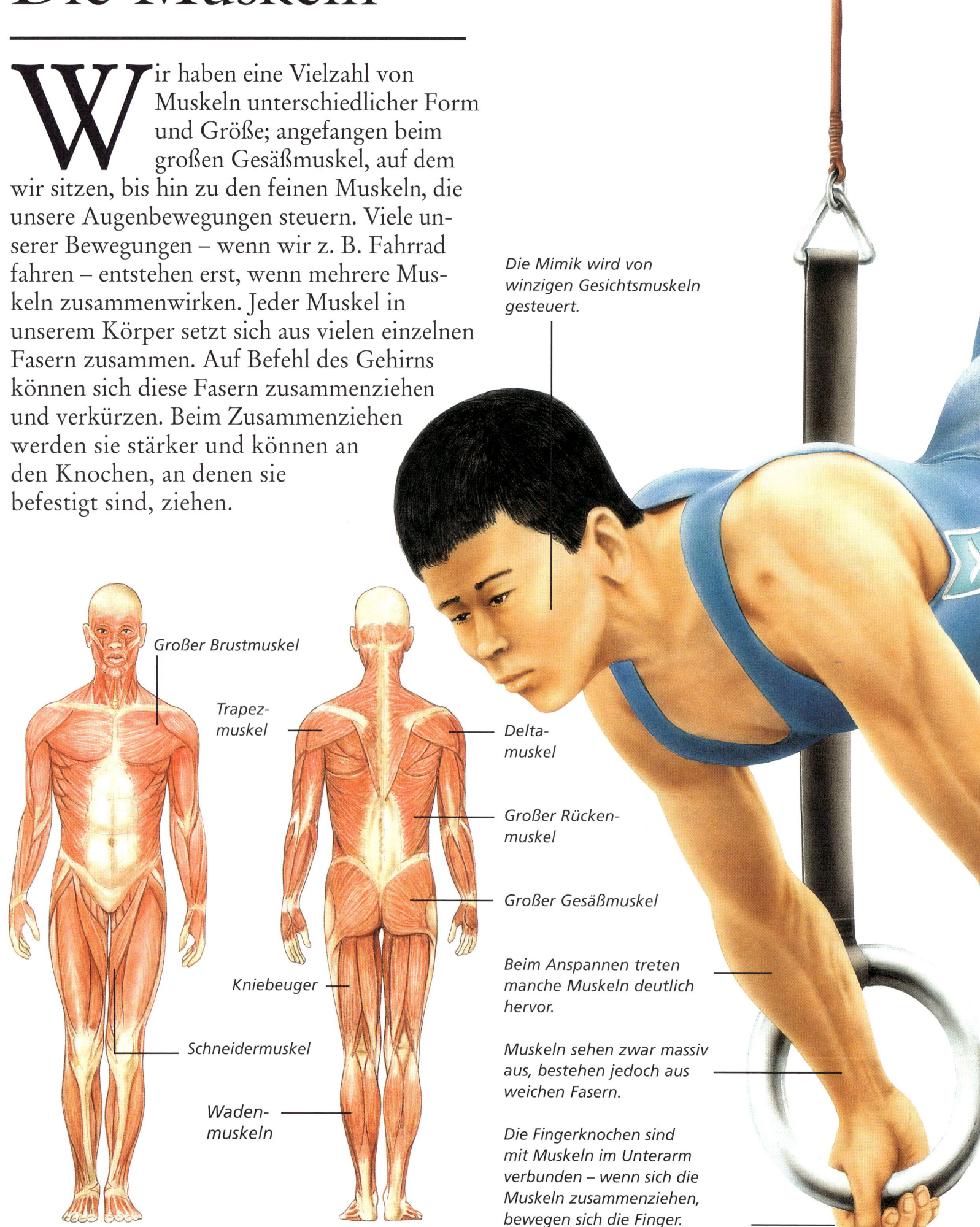

ir haben eine Vielzahl von Muskeln unterschiedlicher Form und Größe; angefangen beim großen Gesäßmuskel, auf dem wir sitzen, bis hin zu den feinen Muskeln, die unsere Augenbewegungen steuern. Viele unserer Bewegungen – wenn wir z. B. Fahrrad fahren – entstehen erst, wenn mehrere Muskeln zusammenwirken. Jeder Muskel in unserem Körper setzt sich aus vielen einzelnen Fasern zusammen. Auf Befehl des Gehirns können sich diese Fasern zusammenziehen und verkürzen. Beim Zusammenziehen werden sie stärker und können an den Knochen, an denen sie befestigt sind, ziehen.

Die Mimik wird von winzigen Gesichtsmuskeln gesteuert.

Großer Brustmuskel

Trapez-muskel

Delta-muskel

Großer Rücken-muskel

Großer Gesäßmuskel

Kniebeuger

Schneidermuskel

Waden-muskeln

Beim Anspannen treten manche Muskeln deutlich hervor.

Muskeln sehen zwar massiv aus, bestehen jedoch aus weichen Fasern.

Die Fingerknochen sind mit Muskeln im Unterarm verbunden – wenn sich die Muskeln zusammenziehen, bewegen sich die Finger.

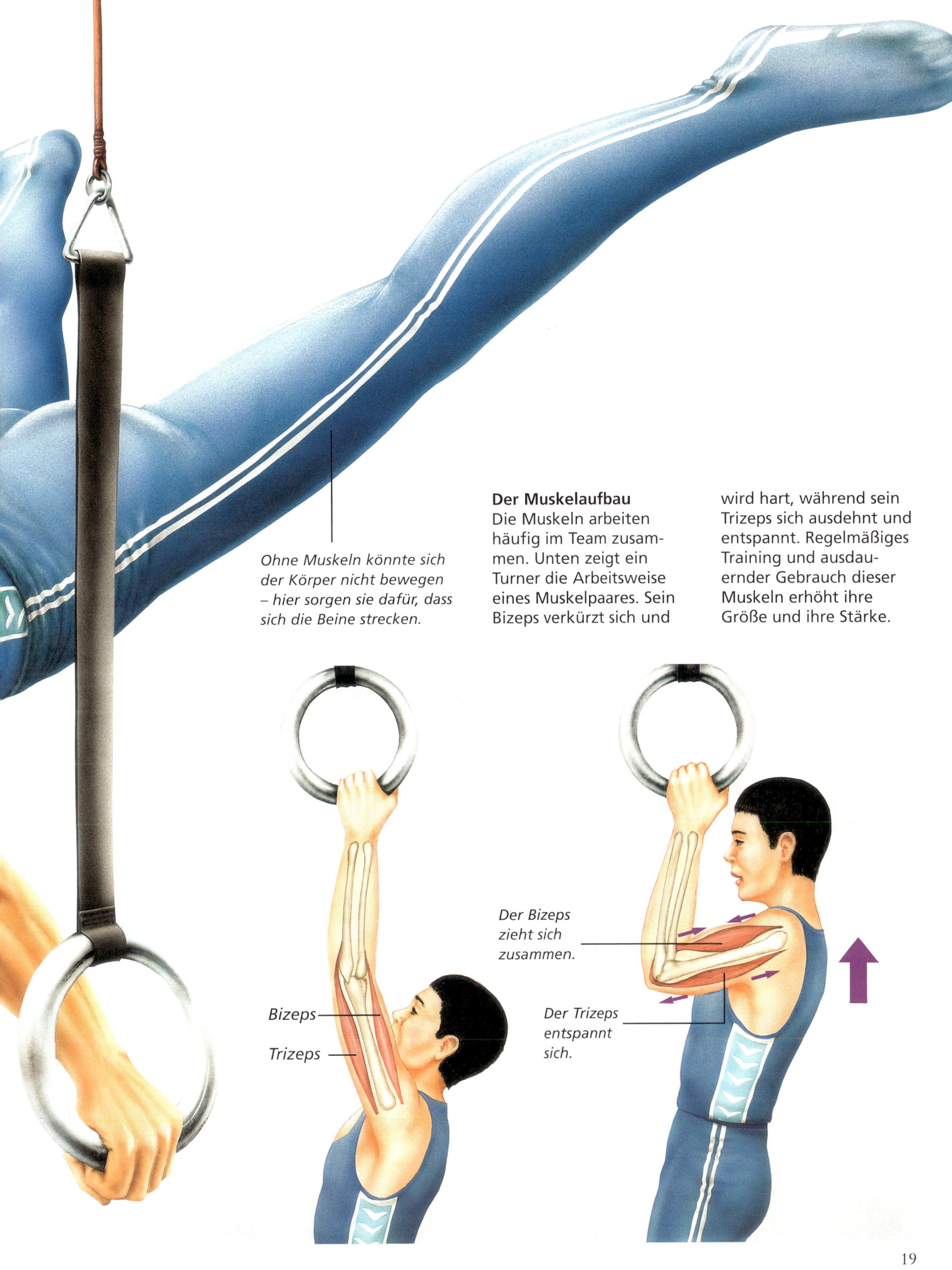

Ohne Muskeln könnte sich der Körper nicht bewegen – hier sorgen sie dafür, dass sich die Beine strecken.

### Der Muskelaufbau

Die Muskeln arbeiten häufig im Team zusammen. Unten zeigt ein Turner die Arbeitsweise eines Muskelpaares. Sein Bizeps verkürzt sich und wird hart, während sein Trizeps sich ausdehnt und entspannt. Regelmäßiges Training und ausdauernder Gebrauch dieser Muskeln erhöht ihre Größe und ihre Stärke.

Bizeps

Trizeps

Der Bizeps zieht sich zusammen.

Der Trizeps entspannt sich.

# Die Verdauung

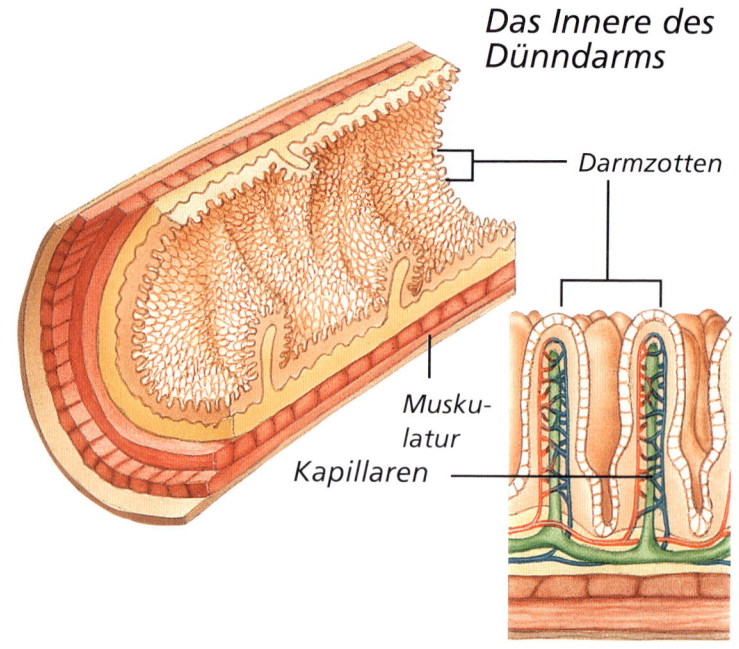

**Das Innere des Dünndarms**

Darmzotten

Muskulatur

Kapillaren

U zu leben, brauchen wir Nahrung; sie ist der Treibstoff des Körpers und des Wachstums. Es gibt drei Arten von Nährstoffen: Proteine (z. B. in Fleisch, Käse und Nüssen), Kohlenhydrate (in Brot und Kartoffeln) und Fett (in Ölen und in Butter). Zum Aufbau des Körpers und zum Wachsen wird Eiweiß gebraucht, Kohlenhydrate und Fette liefern die Energie.

Die Verdauung ist ein Prozess, der dann anfängt, wenn wir Essen in den Mund stecken, und zu Ende ist, wenn daraus die Nährstoffe vom Blutkreislauf aufgenommen werden. Etwa 18 Stunden dauert es, bis die Verdauung abgeschlossen ist. Auf dieser Reise wird die Nahrung von Säuren und Enzymen zerlegt. Ein Enzym ist ein Protein, das biochemische Reaktionen steuert – hier die Umwandlung der Nahrung in eine Form, in der sie leicht aufgenommen werden kann.

**Der Abbau der Nahrung**
Beim Kauen zerkleinern unsere Zähne die Nahrung zu einem Brei, den wir leichter schlucken können. Durch einen muskulösen Schlauch, die Speiseröhre, rutscht dieser Brei in den sackförmigen Magen, wo Bakterien abgetötet werden (1). Danach gelangt der Nahrungsbrei in den Dünndarm (2), wo er von Enzymen in Nährstoffe und unverdauliche Substanzen aufgeschlossen wird. Die Enzyme werden von der Bauchspeicheldrüse bereitgestellt. Im Dünndarm werden die Nährstoffe ins Blut aufgenommen. Die Abfallstoffe bleiben und gelangen in den Dickdarm, wo ihnen so viel Wasser entzogen wird, bis sie zu einer festen Masse werden (3). So werden die Abfallstoffe über den Mastdarm ausgeschieden.

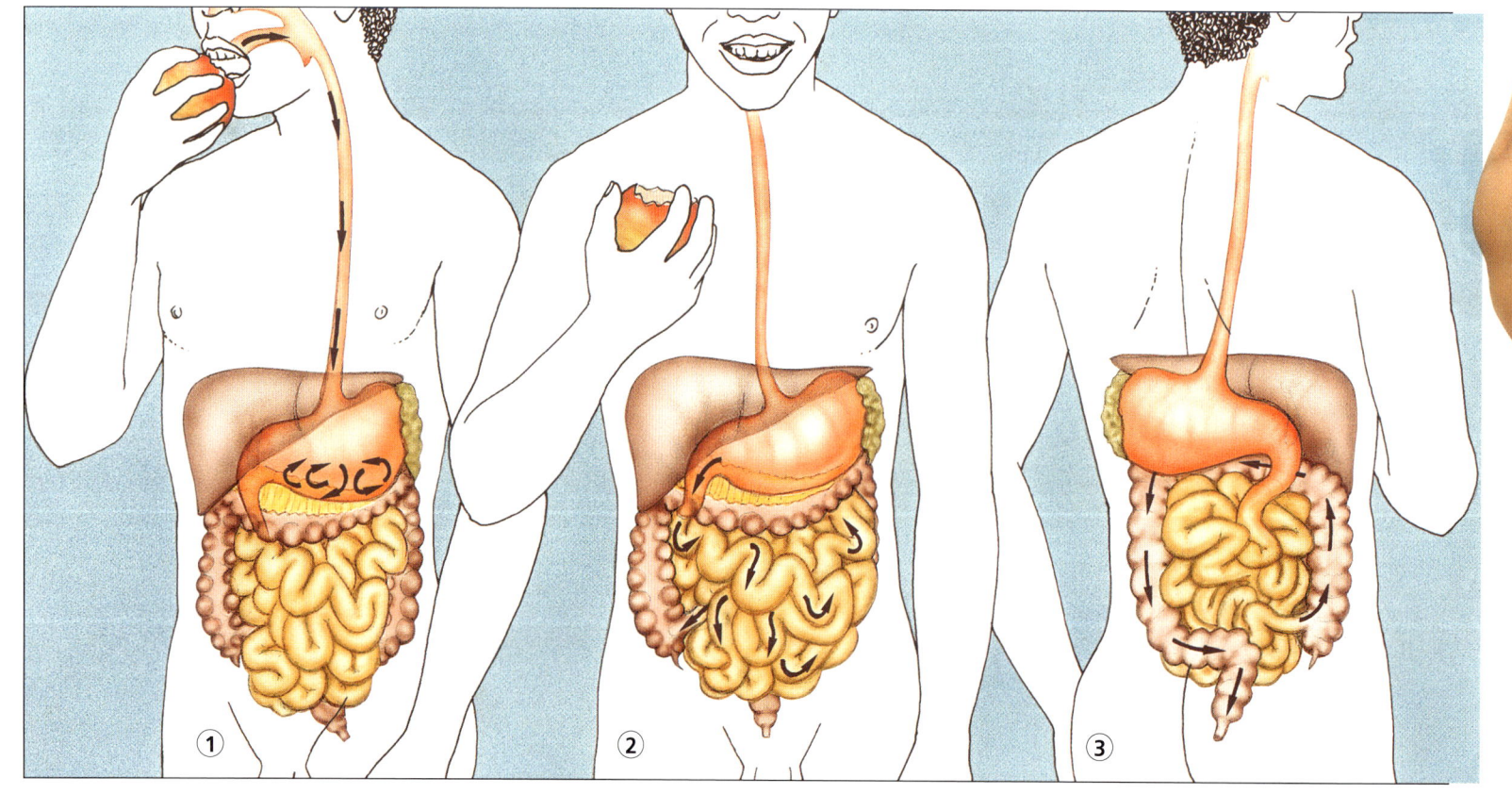

① ② ③

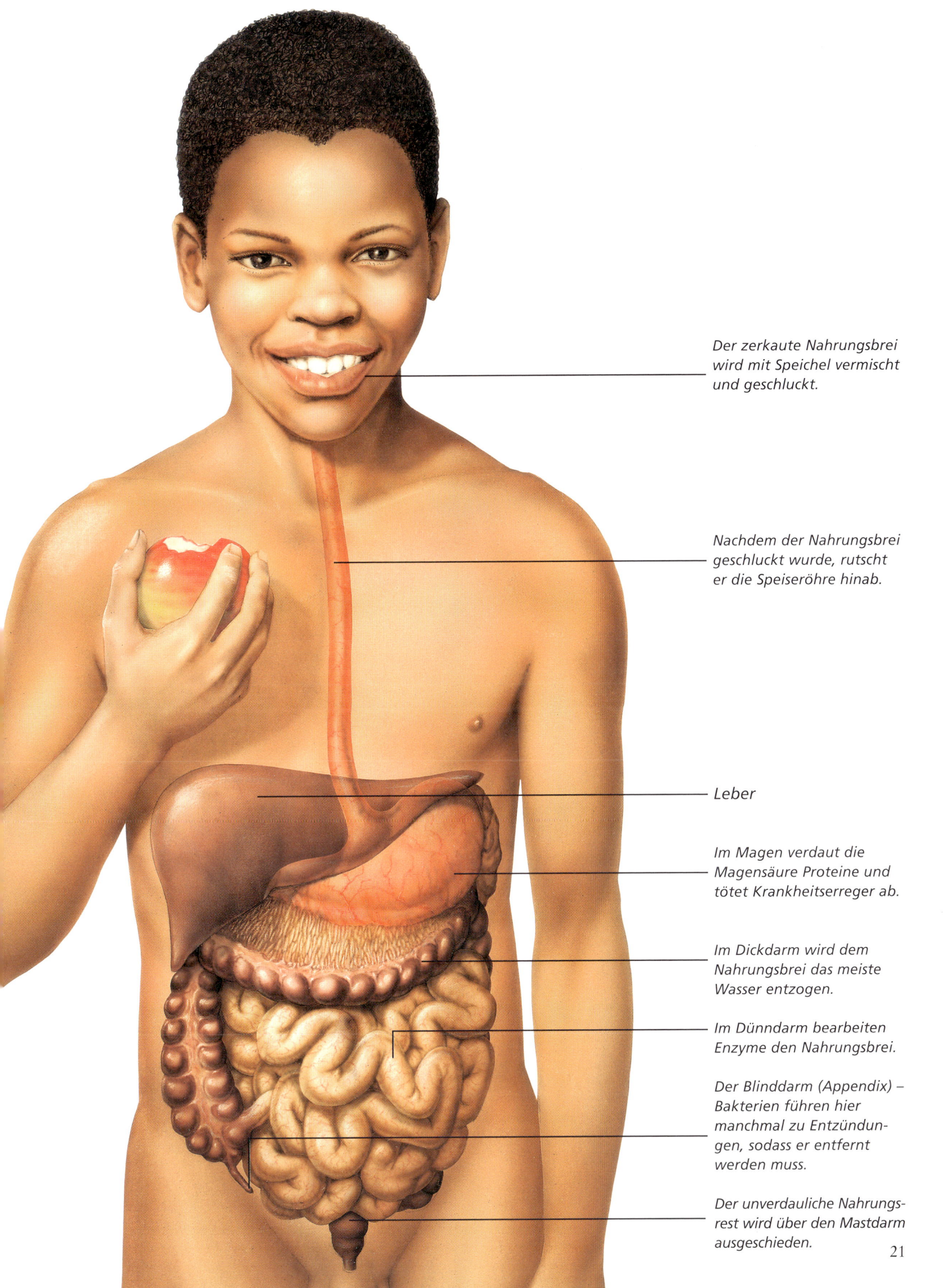

Der zerkaute Nahrungsbrei wird mit Speichel vermischt und geschluckt.

Nachdem der Nahrungsbrei geschluckt wurde, rutscht er die Speiseröhre hinab.

Leber

Im Magen verdaut die Magensäure Proteine und tötet Krankheitserreger ab.

Im Dickdarm wird dem Nahrungsbrei das meiste Wasser entzogen.

Im Dünndarm bearbeiten Enzyme den Nahrungsbrei.

Der Blinddarm (Appendix) – Bakterien führen hier manchmal zu Entzündungen, sodass er entfernt werden muss.

Der unverdauliche Nahrungsrest wird über den Mastdarm ausgeschieden.

21

# Das Gebiss

Die Zähne sind dazu da, die Nahrung in kleine, weiche Stücke zu zerkauen, die wir dann leichter schlucken können. Die vorne im Mund gelegenen Zähne heißen Schneidezähne, weil sie die Nahrung zerschneiden. Daneben liegen die Eckzähne, die zähe Nahrung zerreißen. Die flachen Zähne werden Backen- und Mahlzähne genannt; sie zerdrücken und zermahlen die Nahrung.

Unser erstes Gebiss, bekannt als Milchzähne, wächst in früher Kindheit. Unser erster Zahn erscheint im Alter von 7 Monaten, es ist einer der unteren Schneidezähne. Die oberen Zähne entwickeln sich zwei Monate später, und die Backenzähne sind mit unserem ersten Lebensjahr ausgebildet. Vom Alter von ungefähr sechs Jahren an werden die Milchzähne durch ein neues Gebiss nach und nach ersetzt *(siehe unten)*. Dieses Gebiss ist erst vollständig, wenn die Weisheitszähne erscheinen. Sie bilden sich im Alter von etwa 20 Jahren aus. Ein Erwachsener hat insgesamt 32 Zähne.

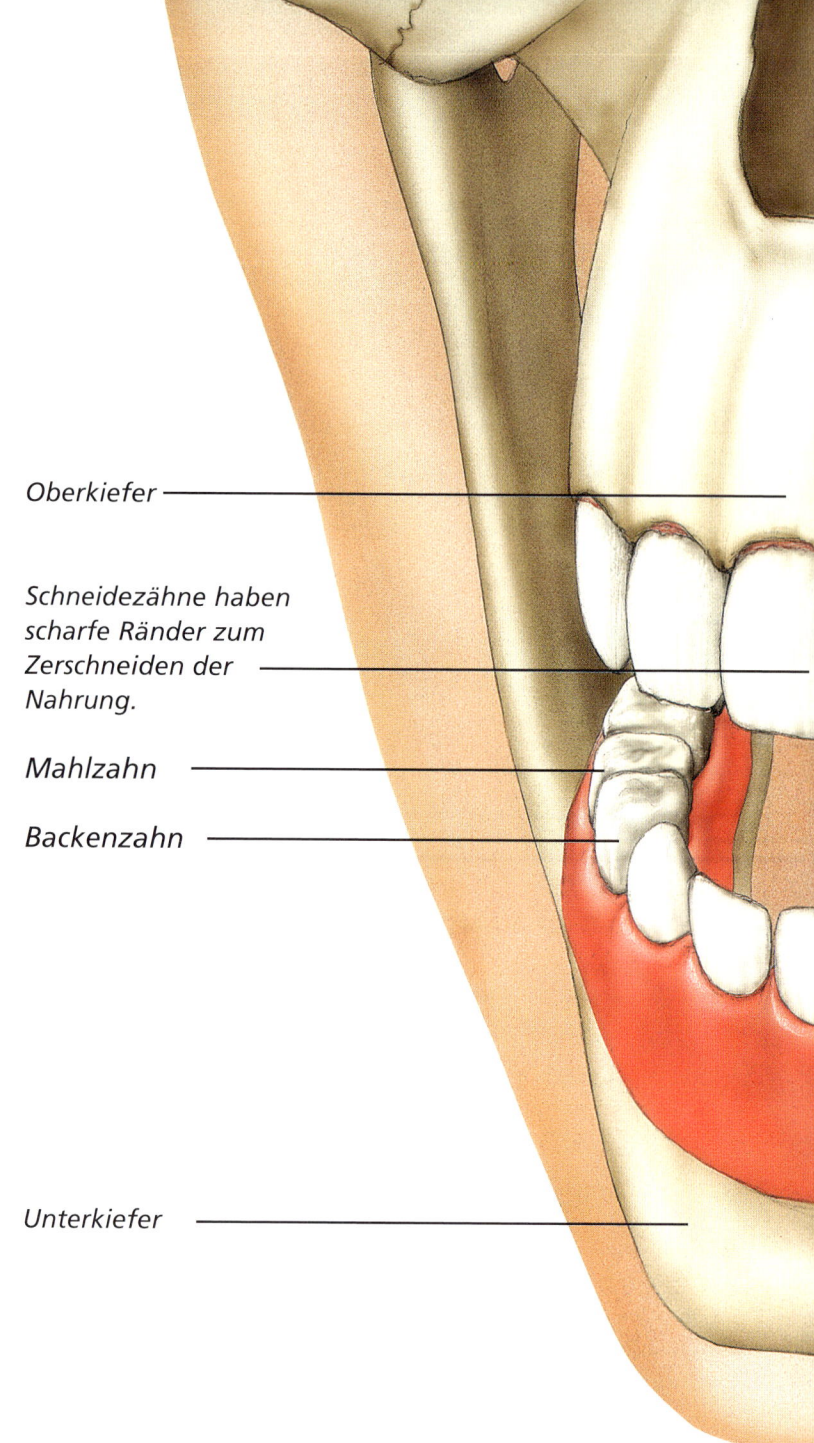

Oberkiefer

Schneidezähne haben scharfe Ränder zum Zerschneiden der Nahrung.

Mahlzahn

Backenzahn

Unterkiefer

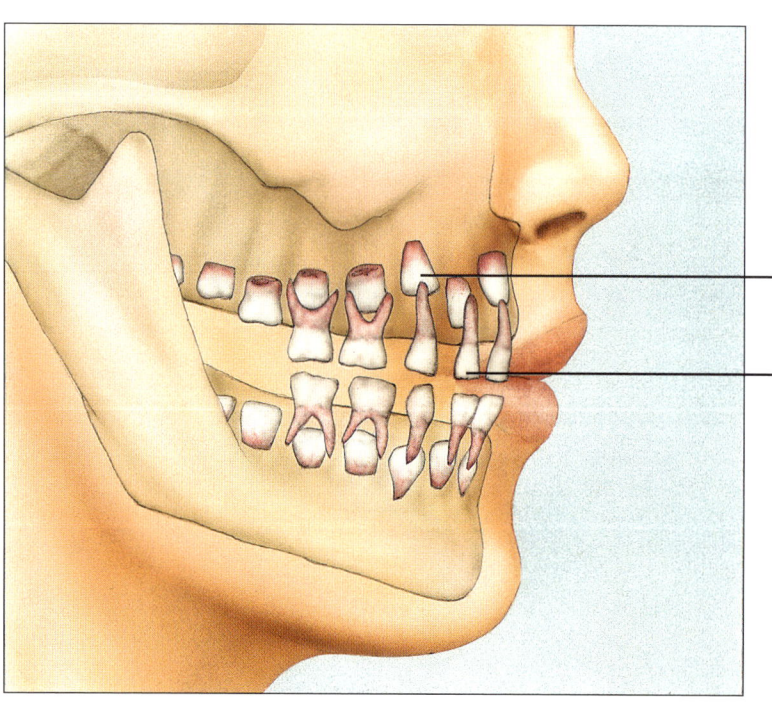

Die Zähne des Dauergebisses warten darauf durchzubrechen.

Die Milchzähne werden langsam herausgeschoben.

**Zahnfäule (Karies)**
Ein Zahn setzt sich aus zwei Teilen zusammen: der Krone und der Wurzel. Die Krone liegt über dem Zahnfleisch und ist sichtbar, während die Wurzel im Zahnfleisch versteckt liegt. Die äußerste Schicht der Krone wird vom Schmelz – der härtesten Substanz unseres Körpers – gebildet und dient als Schutz der im Zahninneren liegenden Blutgefäße und Nerven. Eine weitere harte Schicht ist das Zahnbein, das das Zentrum des Zahns um-

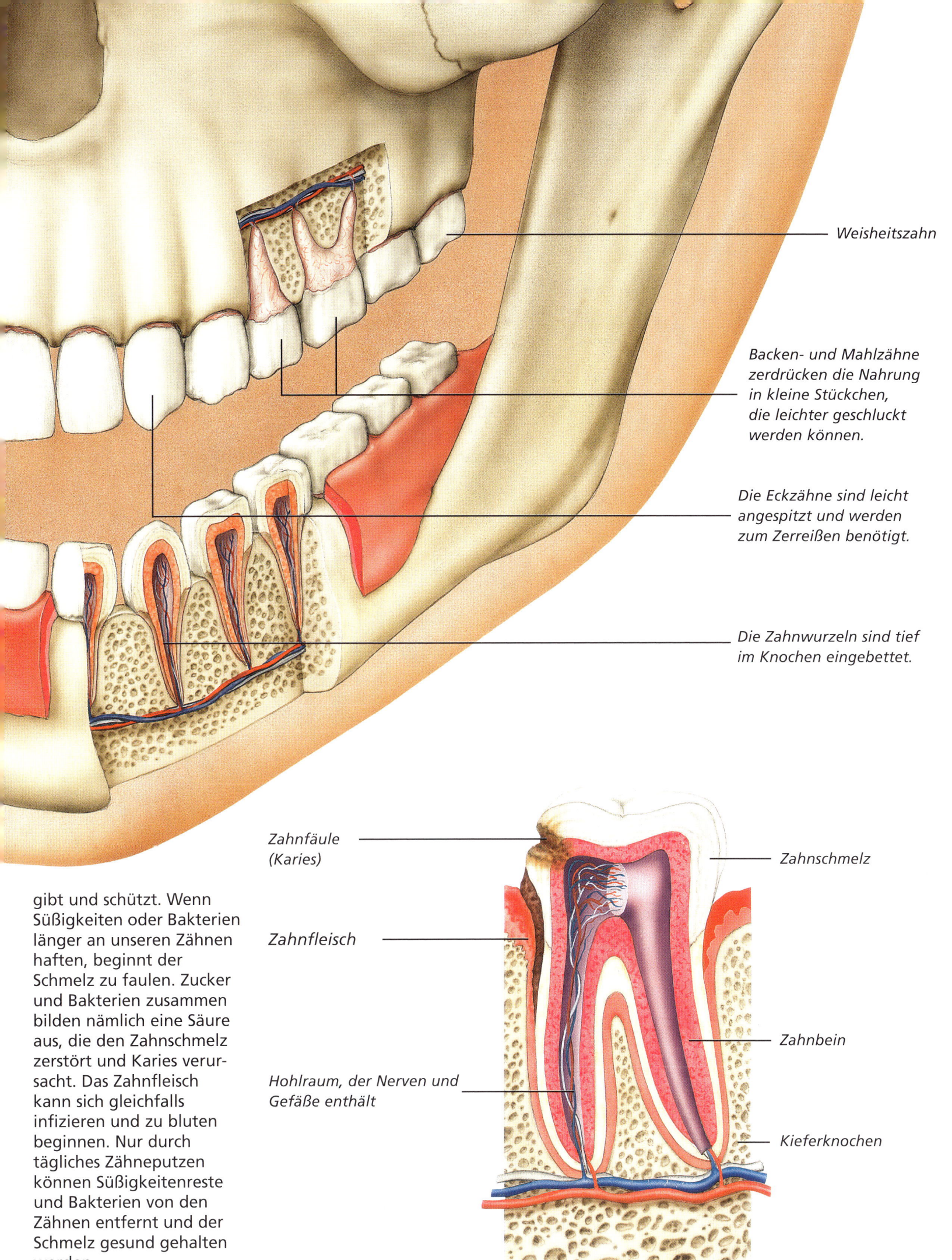

Weisheitszahn

Backen- und Mahlzähne
zerdrücken die Nahrung
in kleine Stückchen,
die leichter geschluckt
werden können.

Die Eckzähne sind leicht
angespitzt und werden
zum Zerreißen benötigt.

Die Zahnwurzeln sind tief
im Knochen eingebettet.

gibt und schützt. Wenn
Süßigkeiten oder Bakterien
länger an unseren Zähnen
haften, beginnt der
Schmelz zu faulen. Zucker
und Bakterien zusammen
bilden nämlich eine Säure
aus, die den Zahnschmelz
zerstört und Karies verur-
sacht. Das Zahnfleisch
kann sich gleichfalls
infizieren und zu bluten
beginnen. Nur durch
tägliches Zähneputzen
können Süßigkeitenreste
und Bakterien von den
Zähnen entfernt und der
Schmelz gesund gehalten
werden.

Zahnfäule
(Karies)

Zahnfleisch

Hohlraum, der Nerven und
Gefäße enthält

Zahnschmelz

Zahnbein

Kieferknochen

# Die Leber und die Nieren

Die Leber funktioniert wie eine Reinigungs- und Sortieranlage für das Blut. Eine Vene, die Pfortader, verbindet sie mit dem Darmsystem und bringt ihr so das mit Nährstoffen angereicherte Blut. Wenn das Blut durch die Leber strömt, sondert diese die darin befindlichen Schadstoffe aus und speichert nützliche Substanzen – wie Zucker und Vitamine – für den Körper. Das mit Abfallstoffen angefüllte Blut erreicht die Nieren und wird dort erneut gereinigt. Zusammen mit überflüssigem Wasser wird der Abfall zur Harnblase geleitet – diese füllt sich so mit Urin. Zurück gelangt das gereinigte, saubere Blut aus den Nieren zum Herzen.

Der Körper braucht Flüssigkeit zum Leben.

### Die Leberläppchen

Die Leber besteht aus vielen kleinen Einheiten, den Leberläppchen. Jedes Läppchen wird vom Blut durchströmt. Einige Abfallstoffe werden aus dem Blut herausgefiltert, in Galle verwandelt und in der Gallenblase gespeichert. Galle wiederum entfernt Abfallstoffe und macht Fette löslich für die Aufnahme in den Körper.

Der Gallengang verbindet die Gallenblase mit dem Darm.

Die Gallenblase ist ein dünnwandiger grünlicher Muskelsack, in dem Galle gespeichert ist.

Leber

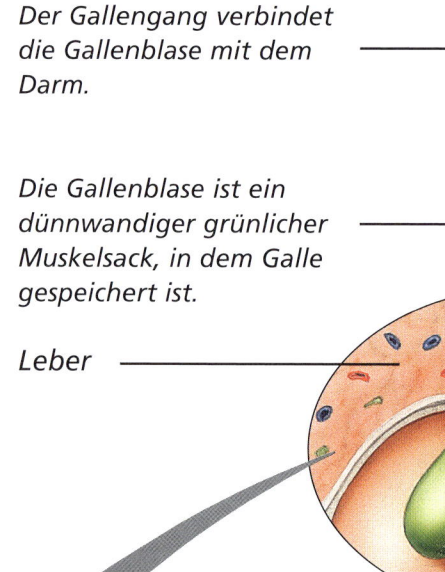

Durch die Pfortader gelangt Blut hinein.

Geflecht aus Gallengängen

Die Pfeile zeigen, wie das Blut durch die Leberläppchen fließt.

Nierenvene

Nierenarterie

Durch die Lebervene strömt das Blut hinaus.

24

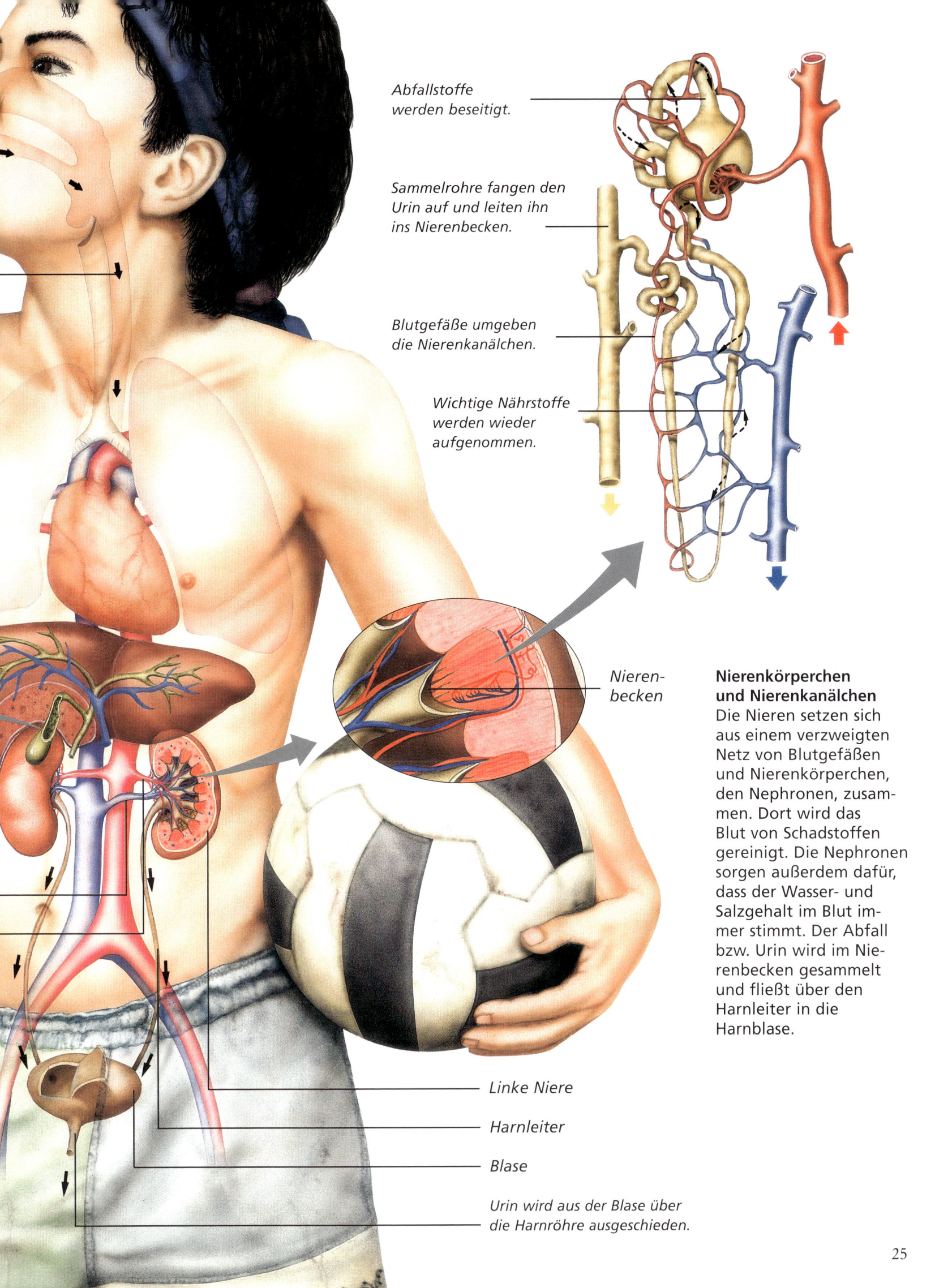

Abfallstoffe
werden beseitigt.

Sammelrohre fangen den
Urin auf und leiten ihn
ins Nierenbecken.

Blutgefäße umgeben
die Nierenkanälchen.

Wichtige Nährstoffe
werden wieder
aufgenommen.

Nieren-
becken

**Nierenkörperchen
und Nierenkanälchen**
Die Nieren setzen sich
aus einem verzweigten
Netz von Blutgefäßen
und Nierenkörperchen,
den Nephronen, zusam-
men. Dort wird das
Blut von Schadstoffen
gereinigt. Die Nephronen
sorgen außerdem dafür,
dass der Wasser- und
Salzgehalt im Blut im-
mer stimmt. Der Abfall
bzw. Urin wird im Nie-
renbecken gesammelt
und fließt über den
Harnleiter in die
Harnblase.

Linke Niere

Harnleiter

Blase

Urin wird aus der Blase über
die Harnröhre ausgeschieden.

# Die Haut

Die Haut ist unsere Schutzhülle und besteht aus zwei Schichten. Die obere Schicht heißt Epidermis; so gut wie wasserdicht, schützt sie uns gegen eindringende Krankheitserreger. Die Zellen in dieser Schicht werden ständig abgestoßen, um durch frische Zellen ersetzt zu werden. Die darunter liegende Hautschicht ist viel dicker und ist aus elastischen Fasern aufgebaut. Sie enthält Blutgefäße, Schweißdrüsen und Haarwurzeln, die Follikel. Diese Teile tragen dazu bei, die Körpertemperatur zu regulieren. Bei Hitze dehnen sich die Blutgefäße aus. Dadurch dringt das Blut bis an die kühlere Hautoberfläche vor. Die Schweißdrüsen produzieren salzige Tröpfchen, die an der Oberfläche verdunsten und den Körper abkühlen. Bei Kälte ziehen sich die an den Haarfollikeln befestigten Muskeln zusammen und stellen die Härchen auf. Jetzt umhüllt eine dünne warme Luftschicht den Körper und hält ihn warm. Zusätzlich verengen sich die Blutgefäße und behalten so die Körperwärme im Inneren.

*Nervenfasern in der Haut reagieren auf:*

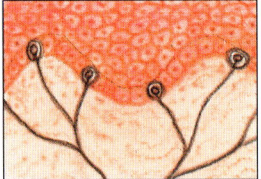

*Schmerz*

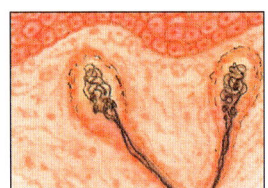

*Berührung*

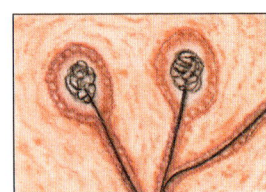

*Kälte*

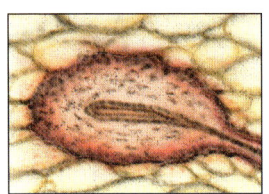

*Druck*

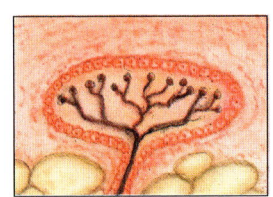

*Hitze*

## Das Sonnenbad

Die Haut reagiert empfindlich auf Sonnenstrahlen. Die Sonne produziert ultraviolette Strahlen, die auf die Haut treffen und zum Sonnenbrand führen können. Dabei bildet sich eine schmerzhafte Rötung und manchmal sogar Blasen. In ganz schlimmen Fällen bewirken die ultravioletten Strahlen, dass sich die Zellen verändern und Hautkrebs entsteht. Jeder sollte seine Haut unbedingt vor der Sonne schützen, indem er im Schatten bleibt oder Sonnencreme benutzt. Sonnencreme enthält Substanzen, die die gefährlichen Strahlen filtern.

## Die empfindliche Haut

Sensorische Nervenenden in der Lederhaut reagieren auf Hitze, Kälte, Schmerz und Druck. Sie helfen uns dadurch, Gefahren rechtzeitig abzuwehren und den Körper zu schützen. Handflächen, Lippen und Fußsohlen sind die empfindlichsten Körperteile, weil sie die meisten Nervenenden besitzen.

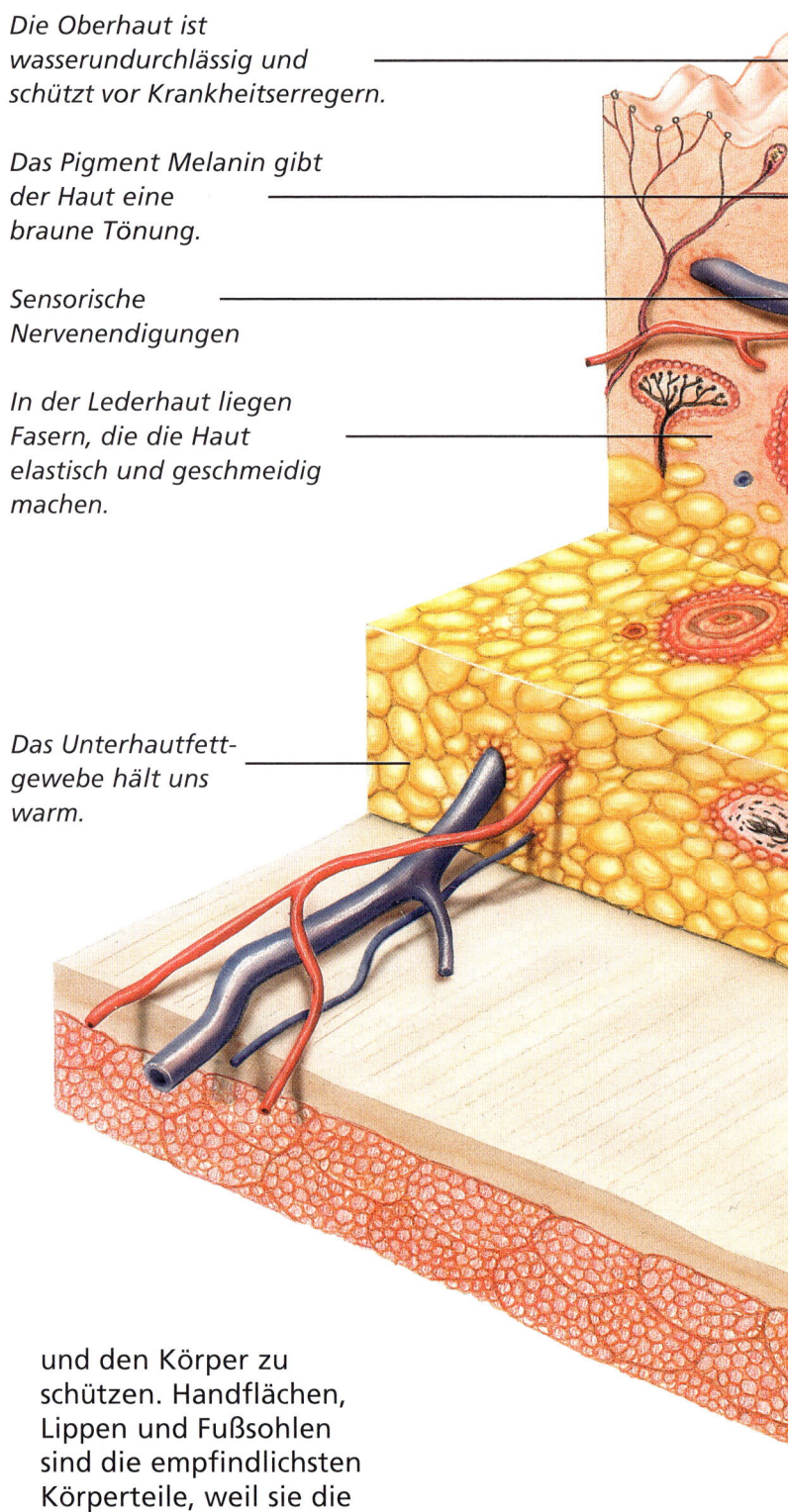

*Die Oberhaut ist wasserundurchlässig und schützt vor Krankheitserregern.*

*Das Pigment Melanin gibt der Haut eine braune Tönung.*

*Sensorische Nervenendigungen*

*In der Lederhaut liegen Fasern, die die Haut elastisch und geschmeidig machen.*

*Das Unterhautfettgewebe hält uns warm.*

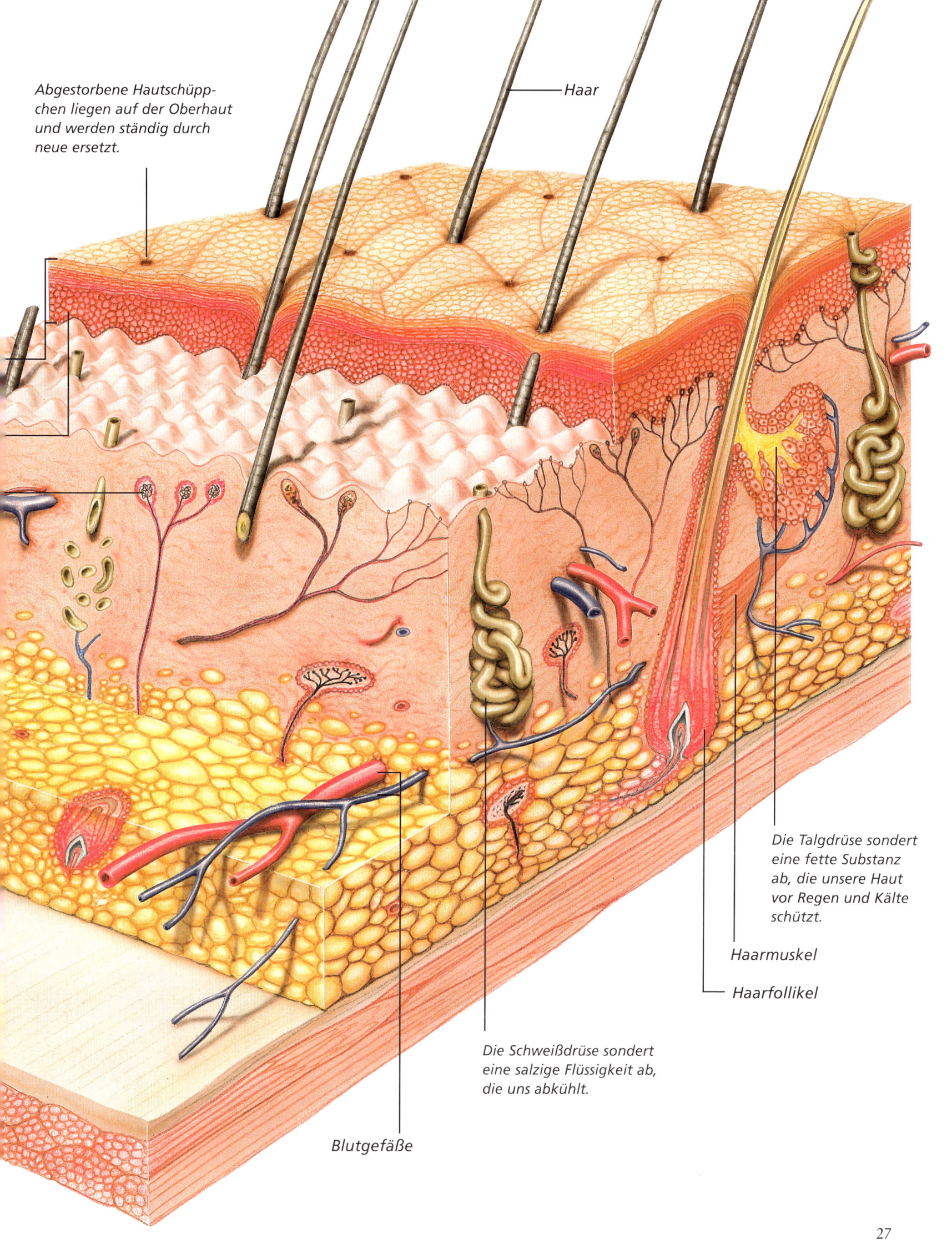

Abgestorbene Hautschüpp-
chen liegen auf der Oberhaut
und werden ständig durch
neue ersetzt.

Haar

Die Talgdrüse sondert
eine fette Substanz
ab, die unsere Haut
vor Regen und Kälte
schützt.

Haarmuskel

Haarfollikel

Die Schweißdrüse sondert
eine salzige Flüssigkeit ab,
die uns abkühlt.

Blutgefäße

# Das Nervensystem

Das Nervensystem ist ein Geflecht von Einzelnerven. Dazu gehören die Nerven im Gehirn sowie alle Nervenfasern, die sich durch den gesamten Körper ziehen. Unser Gehirn ist mit dem restlichen Teil des Körpers durch das Rückenmark verbunden. Das ist ein dickes Kabel, das sich durch den Spinalkanal in unserer Wirbelsäule zieht.

Nerven bestehen aus dünnen Leitungen, die man Neurone nennt. Es gibt Milliarden von diesen im Nervensystem; jede davon besteht aus einer Nervenzelle, die kurze Verzweigungen besitzt. Den längeren Ausläufer eines Neurons nennt man Axon. Einige Axone sind in eine Fetthülle eingeschlossen. Die Nervenzellen im Rückenmark können nicht ersetzt werden, daher kann eine Verletzung des Rückenmarks ernsthafte Folgen haben.

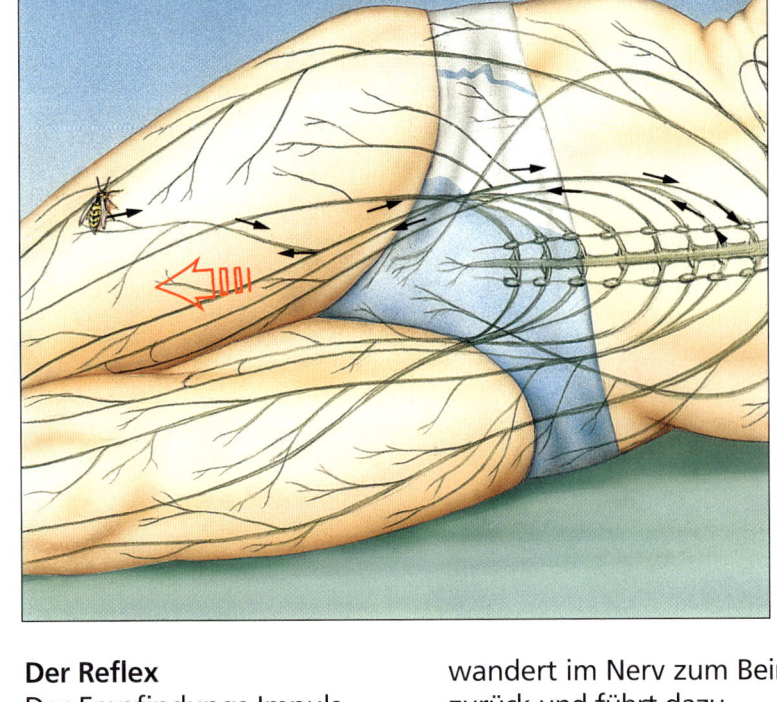

### Der Reflex
Der Empfindungs-Impuls wandert das Bein hoch zum Rückenmark. Dort wird er an Nervenzellen in der grauen Substanz des Rückenmarks übertragen, die mit Nervenzellen verbunden sind. Der Impuls wandert im Nerv zum Bein zurück und führt dazu, dass sich der Beinmuskel zusammenzieht und ein plötzlicher Ruck das Bein durchfährt. Eine solche Reflexbewegung läuft ohne Beteiligung des Gehirns ab.

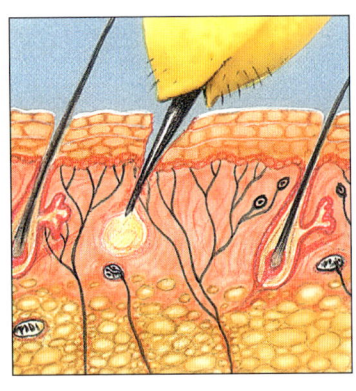

### Ein Wespenstich
Wenn eine Wespe sticht *(siehe links)*, werden Nervenenden in der Nähe erregt, und eine Nachricht, genannt Impuls, wird losgeschickt.

*Schmerz bewirkt, dass die Wespe weggeschlagen wird.*

*Die Pfeile zeigen, wie der Schmerzimpuls verläuft.*

*Ein Wespenstich bewirkt ein rasches Zucken des Beins weg von der Wespe.*

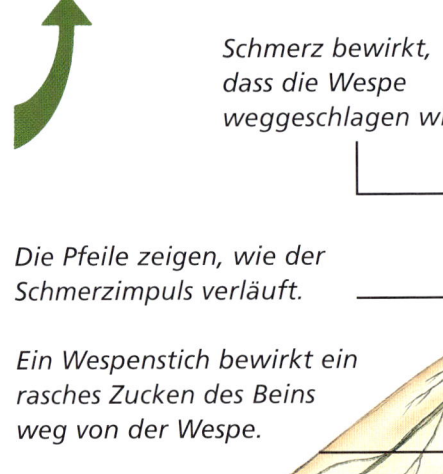

*Oberflächliche Nervenfasern*

*Richtung der Weiterleitung von Nervenreizen oder Impulsen*

*Impulse zum Rückenmark und zum Gehirn wandern durch sensorische Nervenleitungen.*

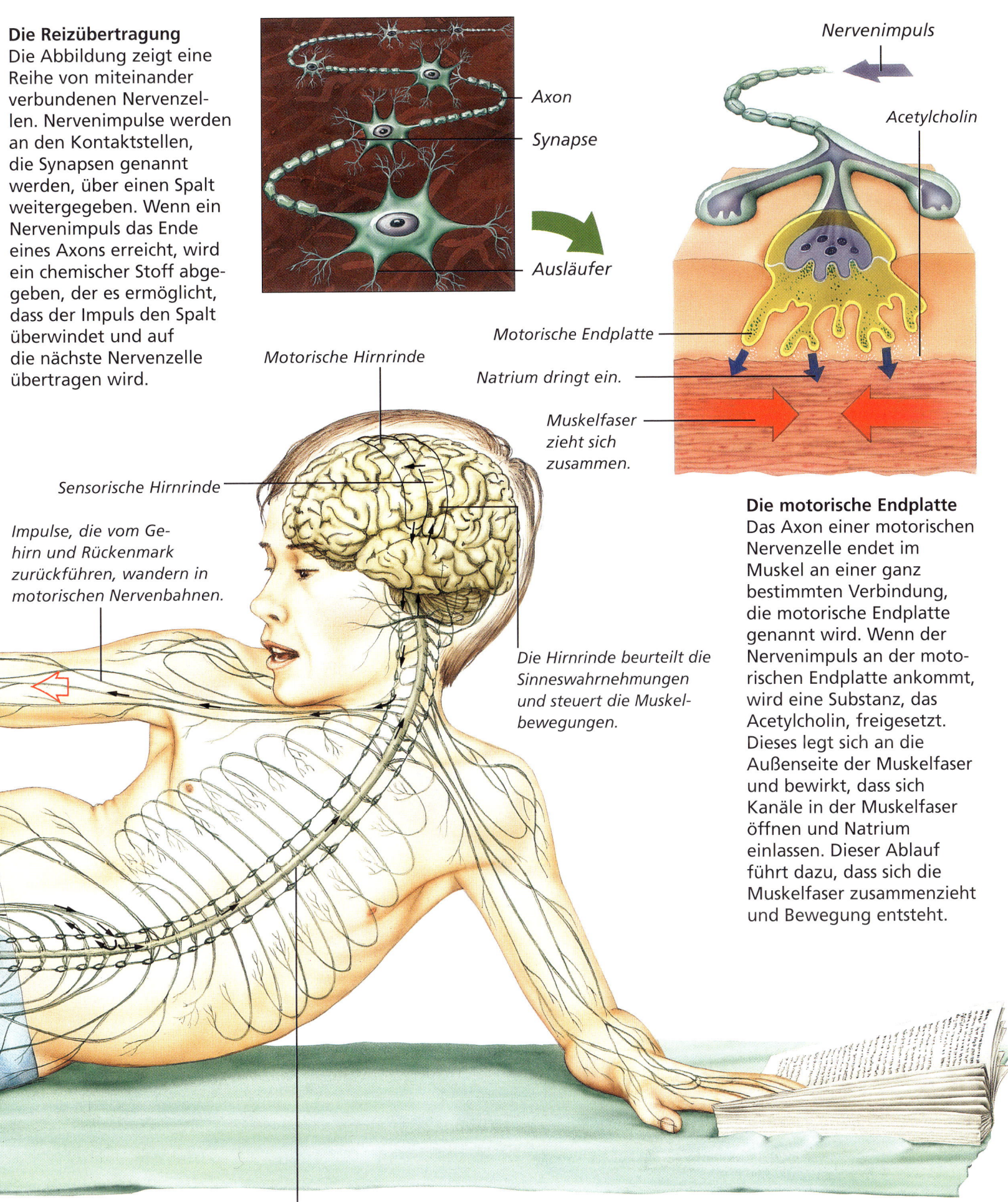

## Die Reizübertragung

Die Abbildung zeigt eine Reihe von miteinander verbundenen Nervenzellen. Nervenimpulse werden an den Kontaktstellen, die Synapsen genannt werden, über einen Spalt weitergegeben. Wenn ein Nervenimpuls das Ende eines Axons erreicht, wird ein chemischer Stoff abgegeben, der es ermöglicht, dass der Impuls den Spalt überwindet und auf die nächste Nervenzelle übertragen wird.

*Axon*

*Synapse*

*Ausläufer*

*Nervenimpuls*

*Acetylcholin*

*Motorische Endplatte*

*Natrium dringt ein.*

*Muskelfaser zieht sich zusammen.*

*Motorische Hirnrinde*

*Sensorische Hirnrinde*

*Impulse, die vom Gehirn und Rückenmark zurückführen, wandern in motorischen Nervenbahnen.*

*Die Hirnrinde beurteilt die Sinneswahrnehmungen und steuert die Muskelbewegungen.*

*Nerven im Rückenmark*

## Die motorische Endplatte

Das Axon einer motorischen Nervenzelle endet im Muskel an einer ganz bestimmten Verbindung, die motorische Endplatte genannt wird. Wenn der Nervenimpuls an der motorischen Endplatte ankommt, wird eine Substanz, das Acetylcholin, freigesetzt. Dieses legt sich an die Außenseite der Muskelfaser und bewirkt, dass sich Kanäle in der Muskelfaser öffnen und Natrium einlassen. Dieser Ablauf führt dazu, dass sich die Muskelfaser zusammenzieht und Bewegung entsteht.

# Das Gehirn

Das Gehirn sieht aus wie eine Masse von grauem Gelee und ist sehr weich. Es wird von einer harten, knöchernen Schale geschützt, die man Schädel nennt. Das menschliche Gehirn ist zwar sehr groß, aber verwinkelt und dadurch sehr kompakt. Das Gehirn ist das Kontrollorgan des menschlichen Körpers. Es bestimmt, was wir tun und worüber wir nachdenken, was wir fühlen und woran wir uns erinnern. Wir benutzen unser Gehirn auch zum Lernen. Die linke Hirnhälfte kontrolliert die rechte Körperseite, umgekehrt kontrolliert die rechte Hirnhälfte die linke Seite unseres Körpers.

Die meisten Menschen sind Rechtshänder, weil die linke Hirnhälfte im Allgemeinen stärker beansprucht wird als die rechte. Man fand heraus, dass jede Seite unseres Gehirns für verschiedene Fertigkeiten verantwortlich ist. Die rechte Hirnhälfte ist Sitz unseres künstlerischen Talents und unseres Vorstellungsvermögens, die linke Hirnhälfte ist verantwortlich für unsere praktischen Fähigkeiten.

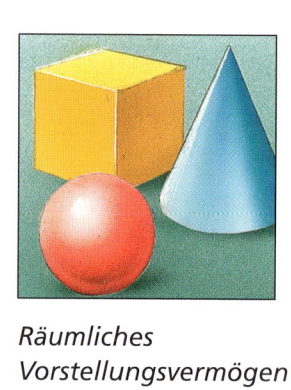

Räumliches Vorstellungsvermögen

Musikalisches Talent

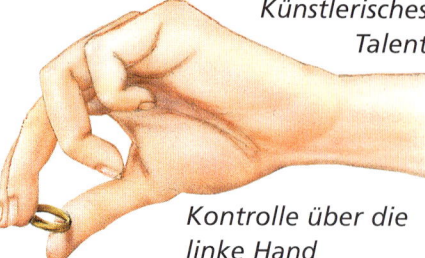

Künstlerisches Talent

Kontrolle über die linke Hand

Rechte Seite

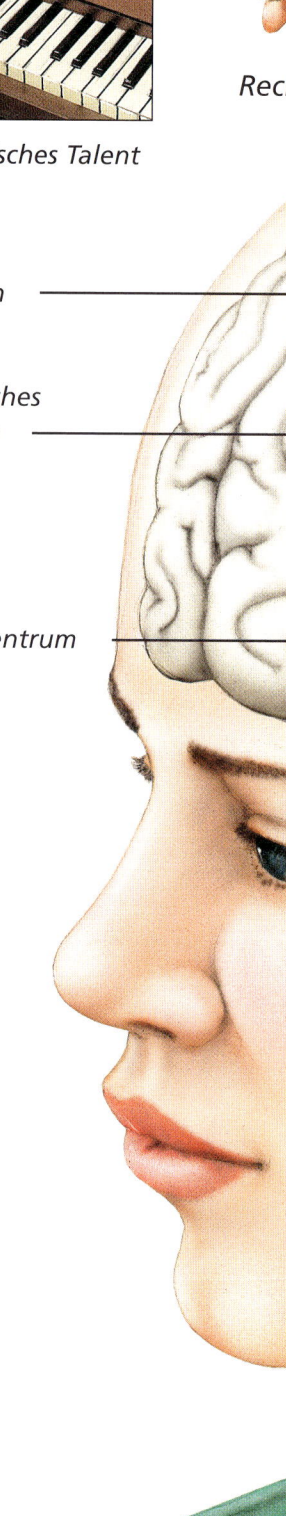

Großhirn

Motorisches Zentrum

Sprachzentrum

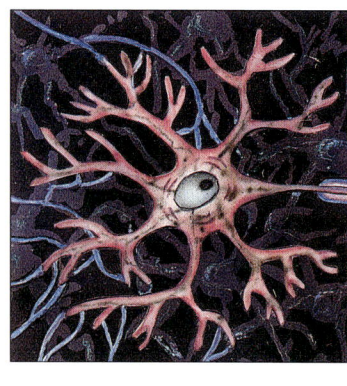

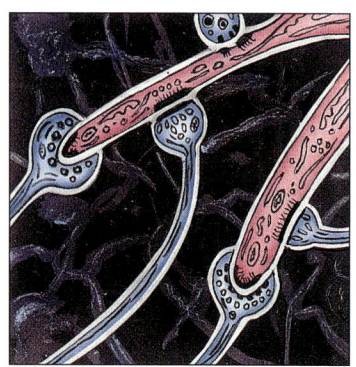

**Die Gehirnzellen**
Die Zellen, aus denen das Gehirn aufgebaut ist, werden Neurone genannt *(oben links)*. Das Gehirn beurteilt die eintreffenden Impulse und erkennt, woher sie kommen und worauf sie sich beziehen. Die Gehirnzellen können auch Informationen speichern. Eine solche gespeicherte Information wird Erinnerung genannt. Der eine Teil des Gehirns kann Informationen lange speichern (Langzeitgedächtnis), der andere dagegen nur kurzzeitig (Kurzzeitgedächtnis).

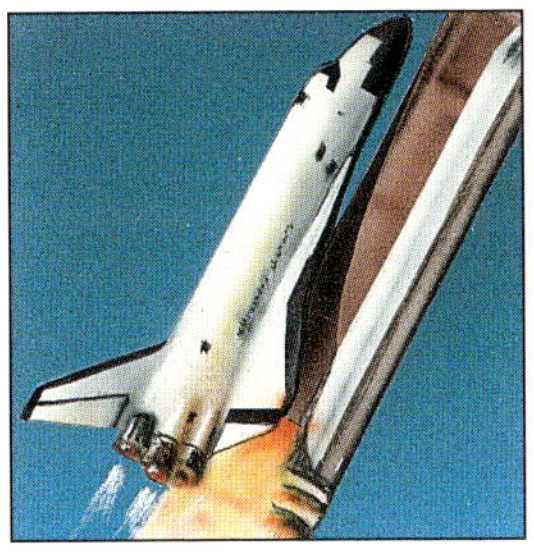

Wissenschaftliches
Denkvermögen

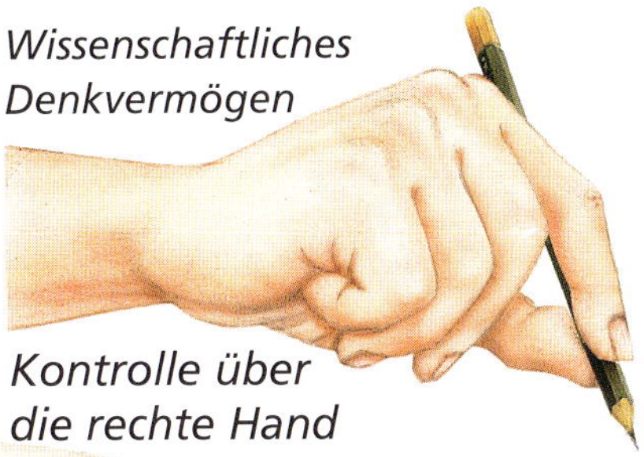

Kontrolle über
die rechte Hand

Linke Seite

Logisches, mathema-
tisches Denkvermögen

Schreiben

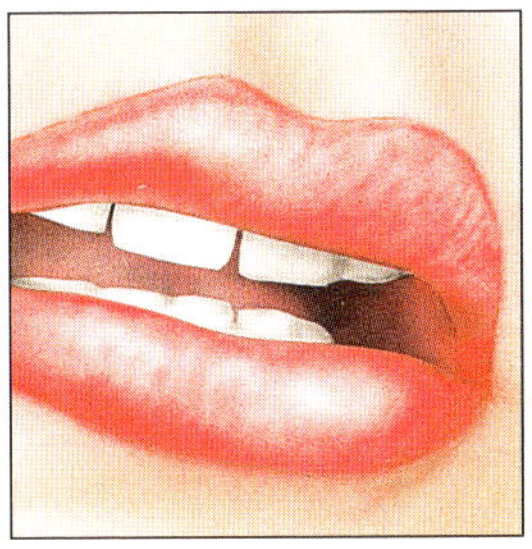

Sprechen

Sensorisches
Zentrum

Sehzentrum

Hörzentrum

Kleinhirn
(Zerebellum)

Rückenmark

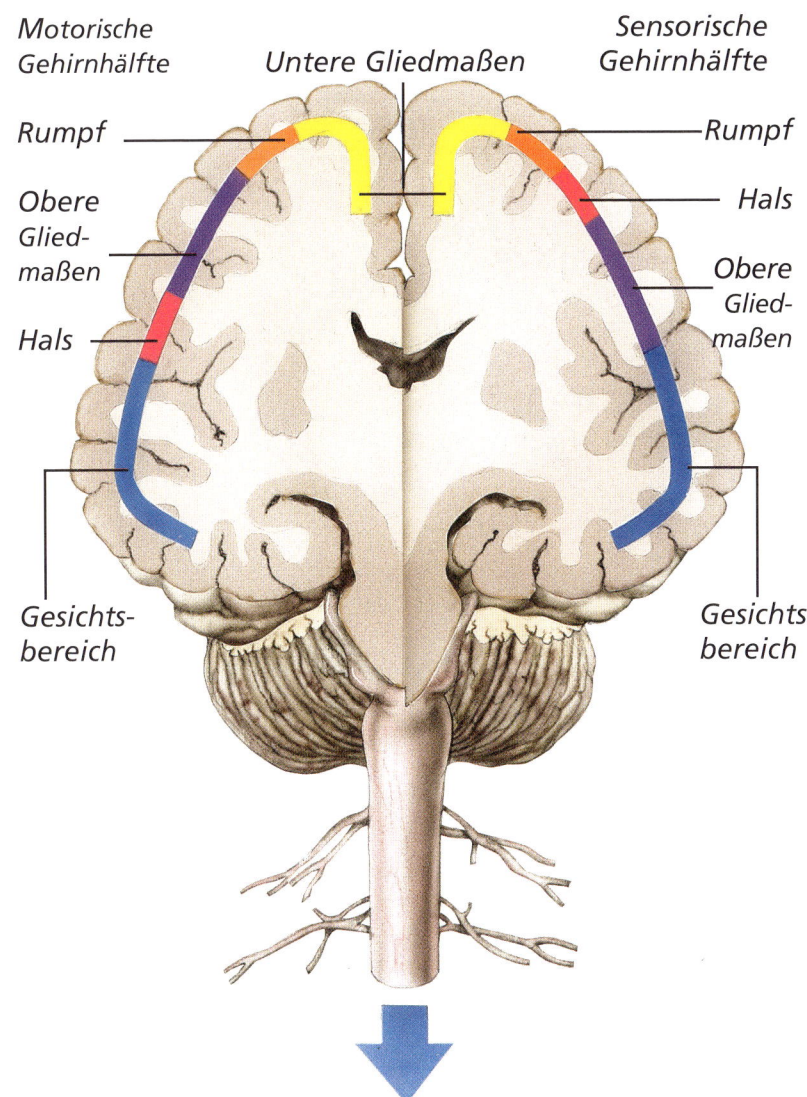

Motorische
Gehirnhälfte

Untere Gliedmaßen

Sensorische
Gehirnhälfte

Rumpf

Obere
Glied-
maßen

Hals

Gesichts-
bereich

Rumpf

Hals

Obere
Glied-
maßen

Gesichts-
bereich

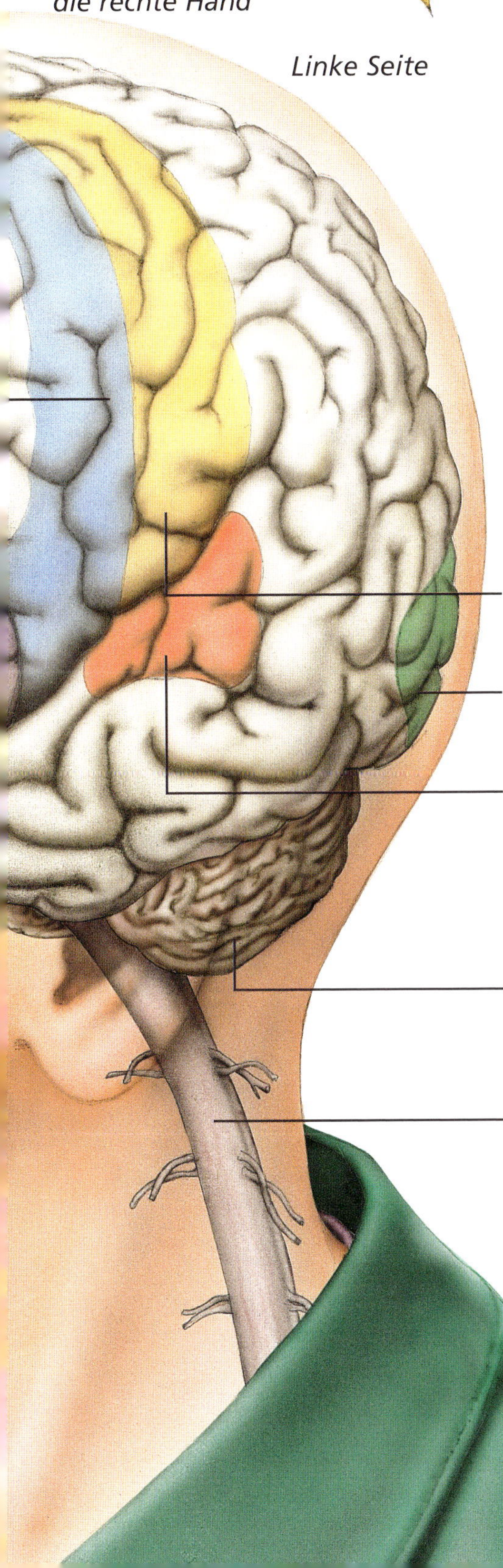

## Das Großhirn

Der größte Teil des
Gehirns besteht aus zwei
Teilen. Zusammen nennt
man sie die Gehirnhälf-
ten oder das Großhirn
(Zerebrum). Im Großhirn
läuft alles sehr geregelt
ab. Es ist aufgeteilt in
Gebiete, die sich auf un-
terschiedliche Körperteile
sowie unterschiedliche
Funktionen spezialisiert
haben. So befindet
sich das Sehzentrum
an der Rückseite des
Großhirns, das Hör-
und Sprechzentrum

seitlich. Die Zentren
für Empfindung und
Bewegung liegen in
der Mitte. Das Gebiet
an der Vorderseite des
Großhirns, die Fron-
tallappen, kontrollieren
unser Verhalten. Das
Kleinhirn liegt unterhalb
des Großhirns und hin-
ten. Es enthält Nerven-
zellen, die in erster Linie
den Gleichgewichtssinn
steuern. Darunter ist das
Gehirn durch das Rücken-
mark mit dem Rest des
Körpers verbunden.

# Der Sehsinn

Unsere Augen arbeiten wie Foto-
apparate. Jedes Auge hat eine
Pupille, in die Licht hineinfällt.
Im Dunkeln sind die Pupillen
geweitet, damit möglichst viel Licht auf die
Netzhaut fallen kann. Die Öffnungsweite jeder
Pupille wird von der Iris, die sich ringförmig
um die Pupille schließt, gesteuert. Wenn das
Licht durch die Pupille fällt, dann trifft es auf
die Augenlinse. Die Linse bewirkt, dass sich das
Licht bricht und auf eine im Augenhintergrund
liegende Schicht, die Netzhaut, fällt. Die
Netzhaut ist mit einem Farbfilm vergleichbar,
auf dem sich das, was wir ansehen, kopfstehend
abbildet. Trifft Licht auf die Sehzellen in der
Netzhaut, werden Reize durch den Sehnerv
an das Gehirn geleitet und dort zu einem Bild
zusammengesetzt, das richtig herum steht.

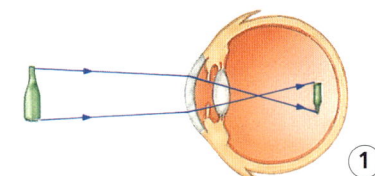

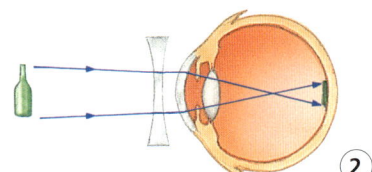

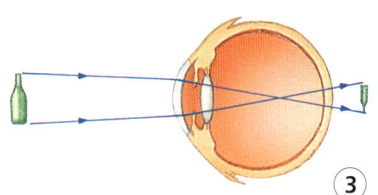

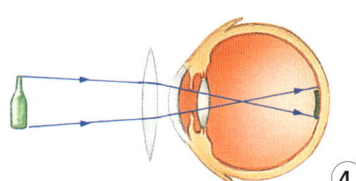

**Scharf sehen**
Unser Auge reguliert die
Sehschärfe, indem es die
Linse dünner und länger
oder dicker und kürzer
macht. Die Linsen mancher
Menschen können dies nicht
mehr ausreichend erledigen;
diese Aufgabe übernehmen
dann Kontaktlinsen oder
Brillengläser. Bei beiden handelt es sich um künstliche
Linsen, die das Licht brechen
und ein scharfes Bild auf
der Netzhaut ermöglichen.
Kurzsichtige können weit-
entfernte Gegenstände
nicht klar sehen, weil sie das
Bild vor der Netzhaut scharf
stellen (1). Solche Menschen
benötigen konkave Brillengläser (2). Weitsichtige
können Gegenstände im
Nahbereich nicht erkennen,
weil sie die Abbildung hinter die Netzhaut projizieren
(3). Sie brauchen konvexe
Brillengläser (4).

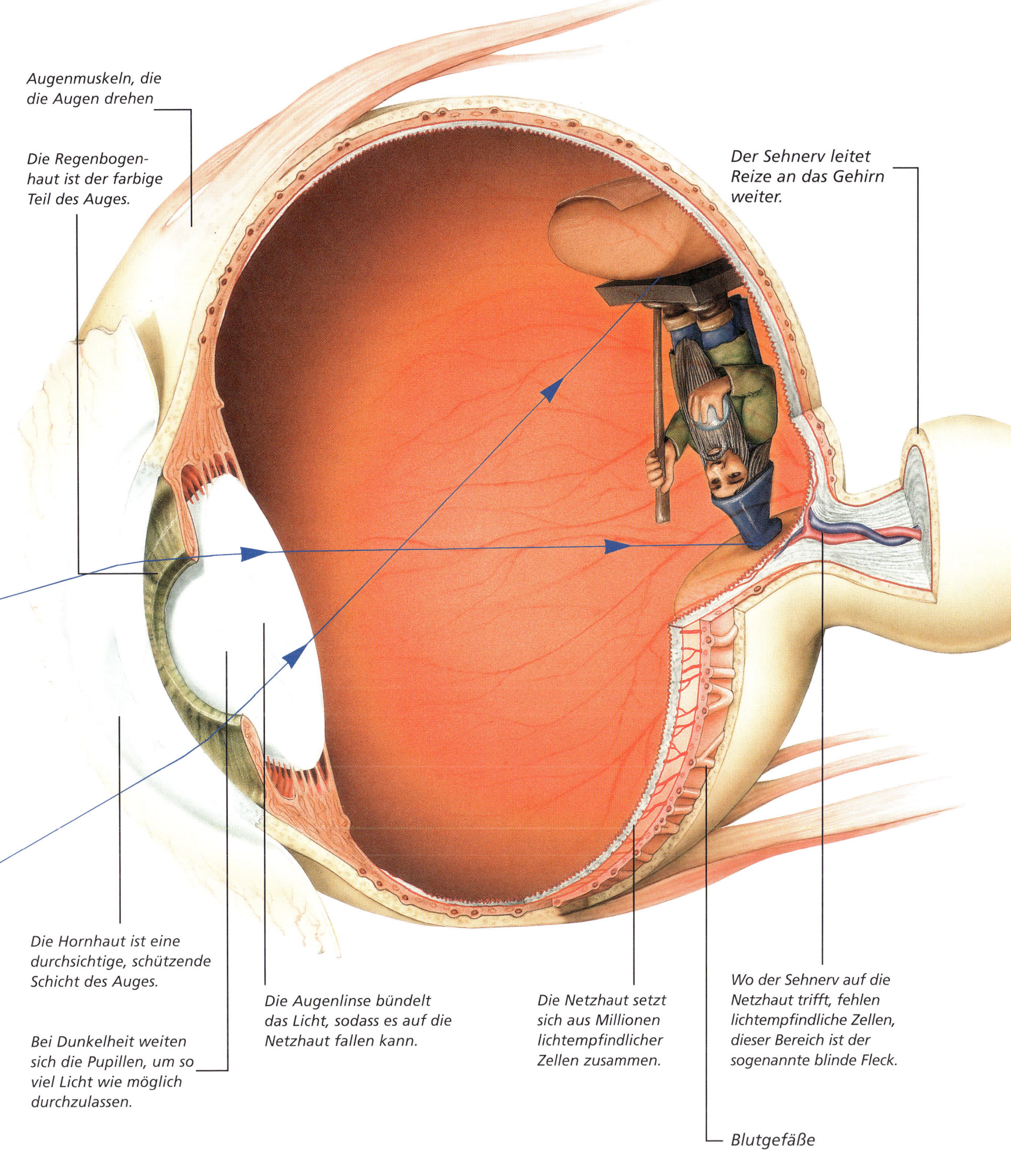

Augenmuskeln, die
die Augen drehen

Die Regenbogen-
haut ist der farbige
Teil des Auges.

Der Sehnerv leitet
Reize an das Gehirn
weiter.

Die Hornhaut ist eine
durchsichtige, schützende
Schicht des Auges.

Bei Dunkelheit weiten
sich die Pupillen, um so
viel Licht wie möglich
durchzulassen.

Die Augenlinse bündelt
das Licht, sodass es auf die
Netzhaut fallen kann.

Die Netzhaut setzt
sich aus Millionen
lichtempfindlicher
Zellen zusammen.

Wo der Sehnerv auf die
Netzhaut trifft, fehlen
lichtempfindliche Zellen,
dieser Bereich ist der
sogenannte blinde Fleck.

Blutgefäße

33

# Geschmack und Geruch

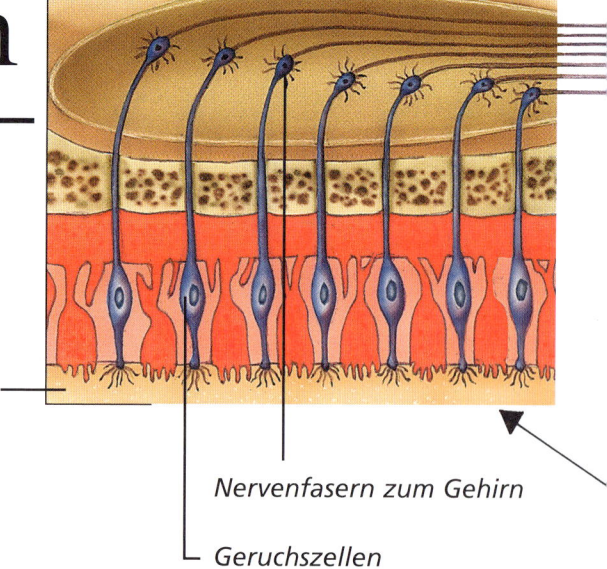

Mit dem Geschmacks- und Geruchssinn sind wir bestens vertraut, da sie uns sehr oft Vergnügen bereiten. Eigentlich dienen diese Sinne in erster Linie dazu, den Körper vom Genuss giftiger Nahrungsmittel abzuhalten.

Der Geruchssinn ist viel stärker ausgebildet als der Geschmackssinn. Wenn wir Nahrung schmecken, verlassen wir uns auf den Duft und die Oberflächenbeschaffenheit sowie auf den Geschmack. Beim Essen einer Birne steigt das Fruchtaroma in die Nase und löst sich in einer Schleimschicht, die die aromaempfindlichen Zellen am Ende unserer Nase bedeckt. Nervenreize werden dann von diesen Zellen an das Geruchszentrum im Gehirn gesendet, wo der Geruch zugeordnet und genossen wird. Das Süße der Birne wird auch über die Geschmacksknospen auf der Zunge wahrgenommen und über Nervenreize zum Gehirn weitergeleitet.

*Schleim-schicht*

*Nervenfasern zum Gehirn*

*Geruchszellen*

### Geruchszellen
Ganz oben in der Nase liegen spezielle Zellen, die geruchempfindlich sind und vom Aroma der Nahrung und unserer Umgebung angeregt werden. Diese speziellen Zellen werden Geruchszellen genannt und enthalten Härchen, die von einer Schleimschicht überzogen werden. Duft- bzw. Aromastoffe lösen sich in diesem Schleim und bewirken dadurch Nervenreize, die ans Gehirn weitergeleitet werden.

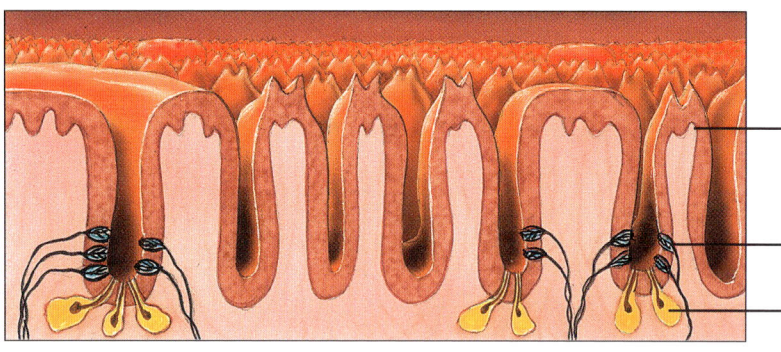

*Papillen überziehen die Oberfläche der Zunge.*

*Geschmacksknospen*

*Speicheldrüsen*

*Das Aroma der Birne wird eingeatmet.*

### Die vier Qualitäten des Geschmacks
Auf unserer Zunge liegen etwa 10000 Geschmacksknospen, die Reize aufnehmen, indem sie auf salzigen, süßen, sauren und bitteren Geschmack reagieren. Die Geschmacksknospen werden angeregt, wenn sich chemische Stoffe aus der Nahrung im Speichel gelöst haben. Wenn alle zusammenwirken, ermöglichen sie uns, viele feine Geschmacksrichtungen wahrzunehmen.

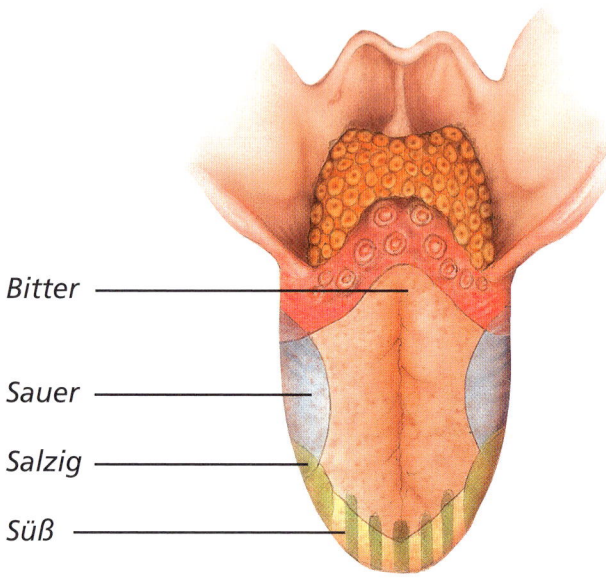

*Bitter*

*Sauer*

*Salzig*

*Süß*

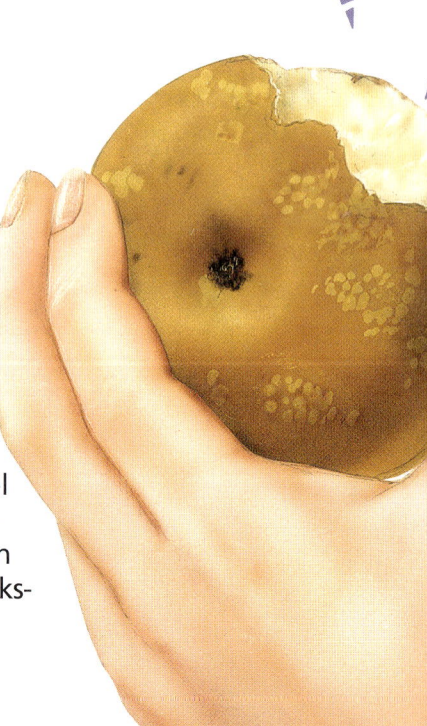

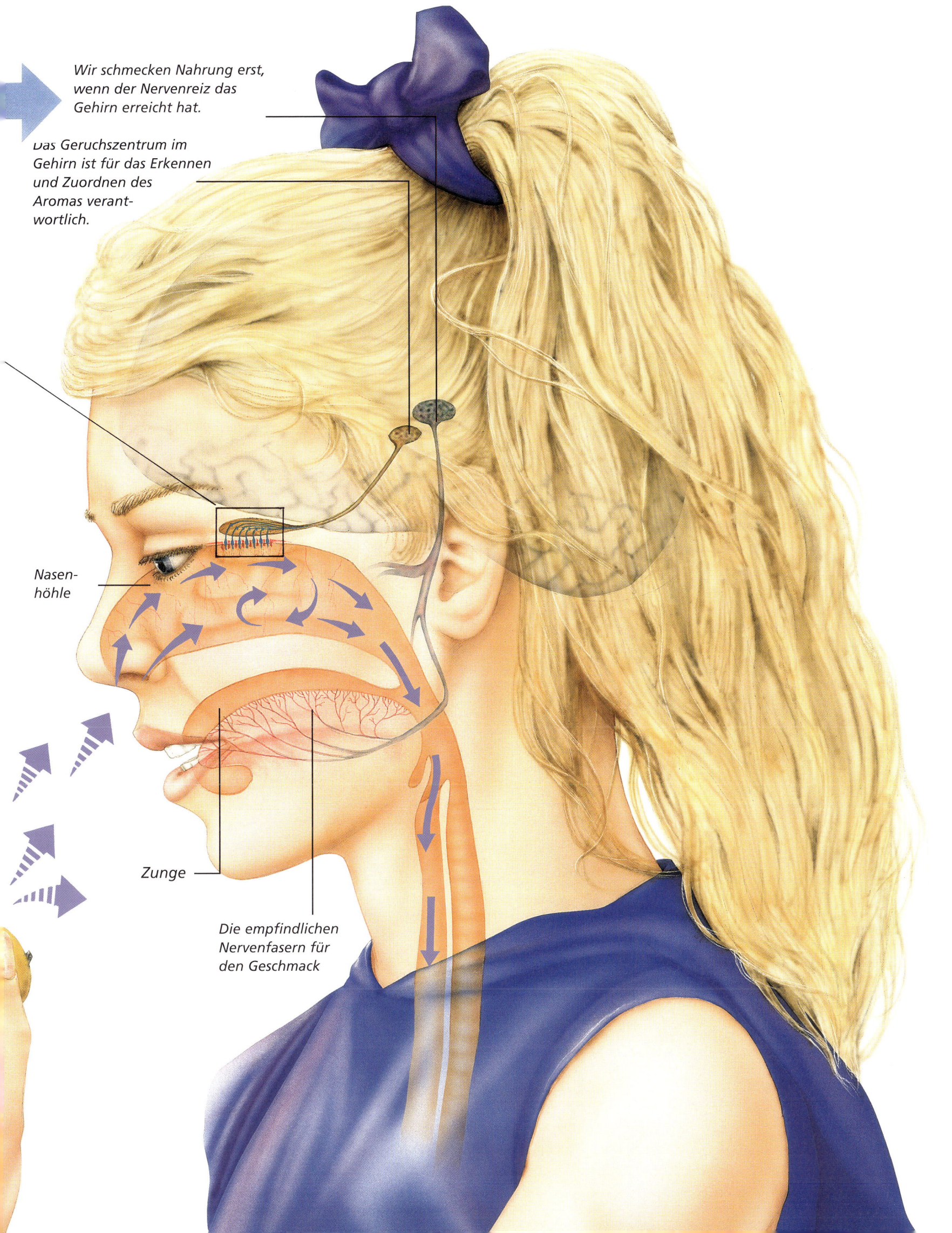

Wir schmecken Nahrung erst,
wenn der Nervenreiz das
Gehirn erreicht hat.

Das Geruchszentrum im
Gehirn ist für das Erkennen
und Zuordnen des
Aromas verant-
wortlich.

Nasen-
höhle

Zunge

Die empfindlichen
Nervenfasern für
den Geschmack

# Der Hörsinn

Der Teil des Ohrs, den wir auch sehen, ist so geformt, dass er Schall auffängt und entlang dem Ohrkanal ans Trommelfell weiterleitet. Die Schallwellen versetzen das Trommelfell in Schwingungen. Hinter dem Trommelfell befinden sich drei kleine Knöchelchen, die Hammer, Amboss und Steigbügel heißen, weil sie wie diese Gegenstände geformt sind. Schwingungen vom Trommelfell übertragen sich auf diese Knöchelchen und bringen auch sie zum Schwingen und gelangen durch das ovale Fenster zur Gehörschnecke. Dabei handelt es sich um eine aufgerollte Röhre, die mit Flüssigkeit gefüllt ist. Tiefe Töne lassen den vorderen Teil der Röhre schwingen, hohe Töne den hinteren Bereich. Diese Schwingungen werden von Nerven, die mit dem Gehirn verbunden sind, aufgenommen.

**Gleichgewicht und Schall**

Die Ohren helfen uns auch, das Gleichgewicht zu halten. Es gibt drei Bogengänge im Ohr. Alle davon sind mit Flüssigkeit gefüllt, die sich bewegt, wenn wir unsere Körperhaltung verändern. Die hin- und herfließende Flüssigkeit bewirkt, dass Signale ans Gehirn gesendet werden, die dem Körper helfen, sein Gleichgewicht aufrechtzuhalten.

Die Ohren können sehr lauten Tönen standhalten, aber wenn diese zu laut werden, kann die Gehörschnecke beschädigt werden. Leise Töne können nen wir mit zunehmendem Alter immer schlechter hören. Wir können sowohl tiefe als auch hohe Töne wahrnehmen; jedoch können viele Tiere, z. B. Fledermäuse, noch viel höhere Töne hören.

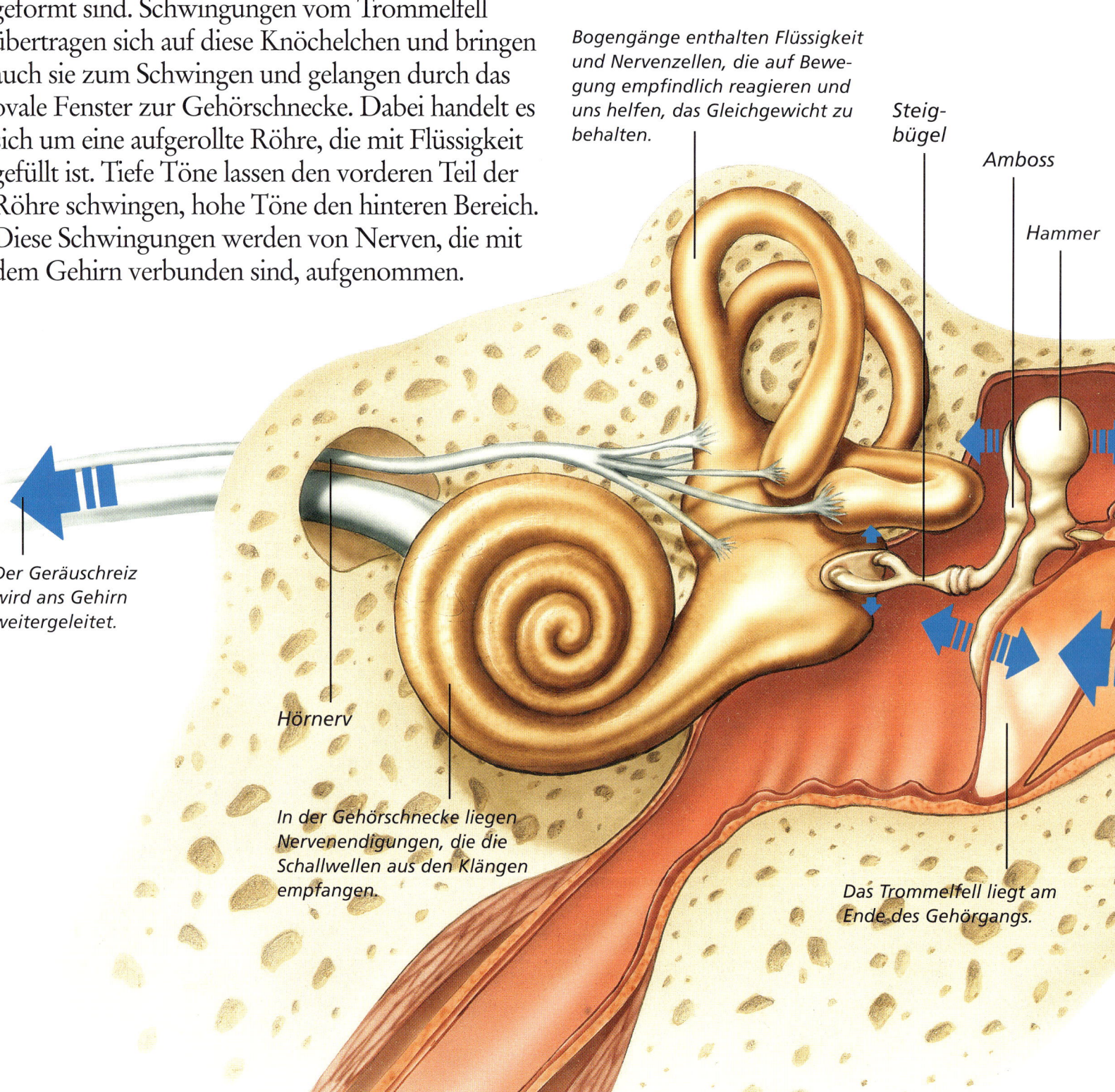

*Bogengänge enthalten Flüssigkeit und Nervenzellen, die auf Bewegung empfindlich reagieren und uns helfen, das Gleichgewicht zu behalten.*

*Steigbügel*

*Amboss*

*Hammer*

*Der Geräuschreiz wird ans Gehirn weitergeleitet.*

*Hörnerv*

*In der Gehörschnecke liegen Nervenendigungen, die die Schallwellen aus den Klängen empfangen.*

*Das Trommelfell liegt am Ende des Gehörgangs.*

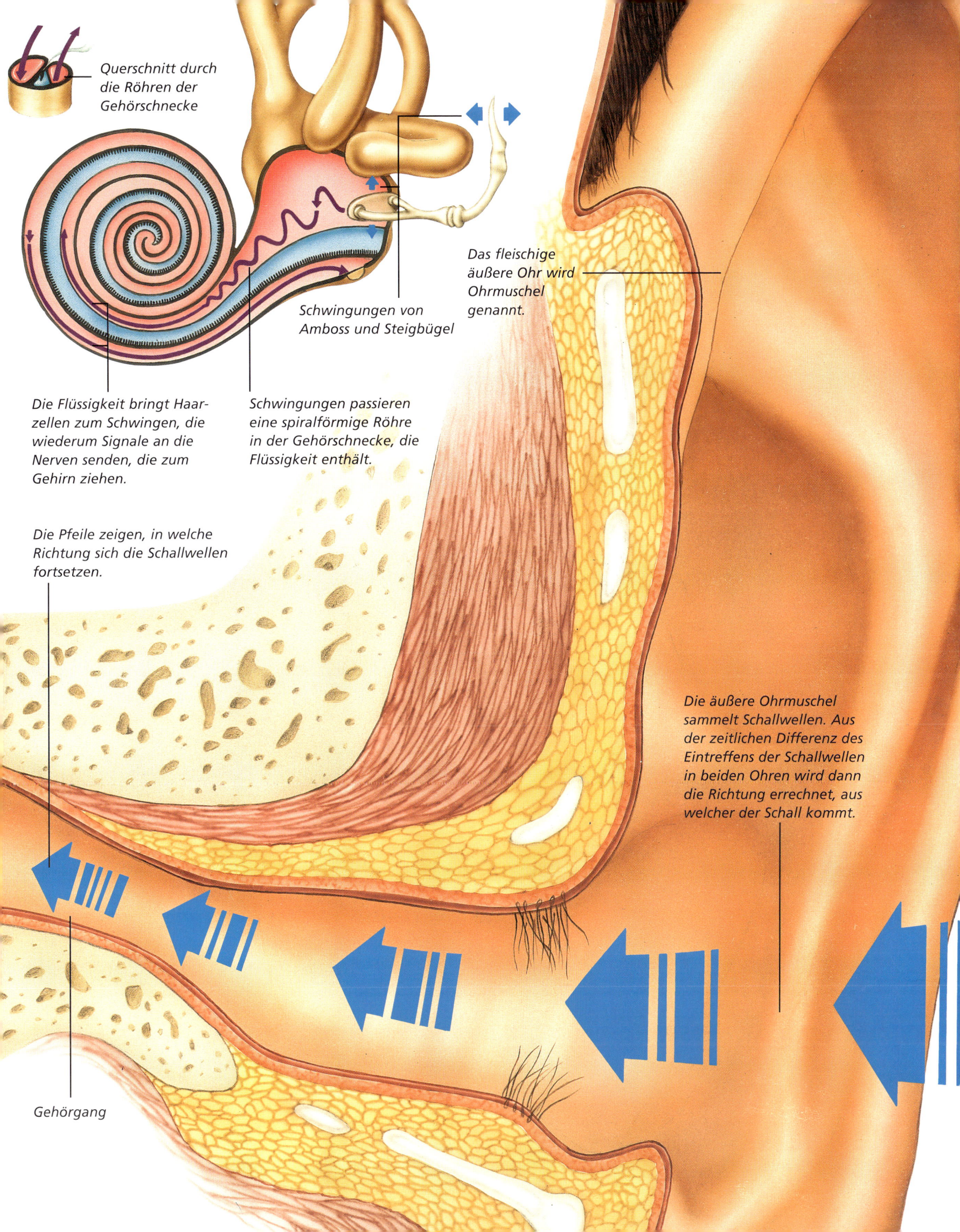

Querschnitt durch
die Röhren der
Gehörschnecke

Schwingungen von
Amboss und Steigbügel

Das fleischige
äußere Ohr wird
Ohrmuschel
genannt.

Die Flüssigkeit bringt Haar-
zellen zum Schwingen, die
wiederum Signale an die
Nerven senden, die zum
Gehirn ziehen.

Schwingungen passieren
eine spiralförmige Röhre
in der Gehörschnecke, die
Flüssigkeit enthält.

Die Pfeile zeigen, in welche
Richtung sich die Schallwellen
fortsetzen.

Die äußere Ohrmuschel
sammelt Schallwellen. Aus
der zeitlichen Differenz des
Eintreffens der Schallwellen
in beiden Ohren wird dann
die Richtung errechnet, aus
welcher der Schall kommt.

Gehörgang

# Fortpflanzung

amit neues Leben entsteht, bedarf es zweier Zellen: einer weiblichen Eizelle und einer männlichen Samenzelle. Diese beiden Zellen müssen sich treffen und miteinander verschmelzen, damit sich ein Baby entwickeln kann.

Diesen Prozess nennt man Befruchtung; ein normaler Vorgang, wenn ein Paar Geschlechtsverkehr hatte. Wenn der Mann erregt ist, wird sein normalerweise schlaffer Penis hart und lang. Dadurch kann der Mann seinen Penis leichter in die weibliche Scheide (Vagina) einführen. Durch Bewegungen des Penis während des Geschlechtsverkehrs erreicht der Mann einen Orgasmus. Eine Flüssigkeit, die sogenannte Samenflüssigkeit, die die Spermien enthält, wird dabei über den Penis in die weibliche Scheide ausgestoßen.

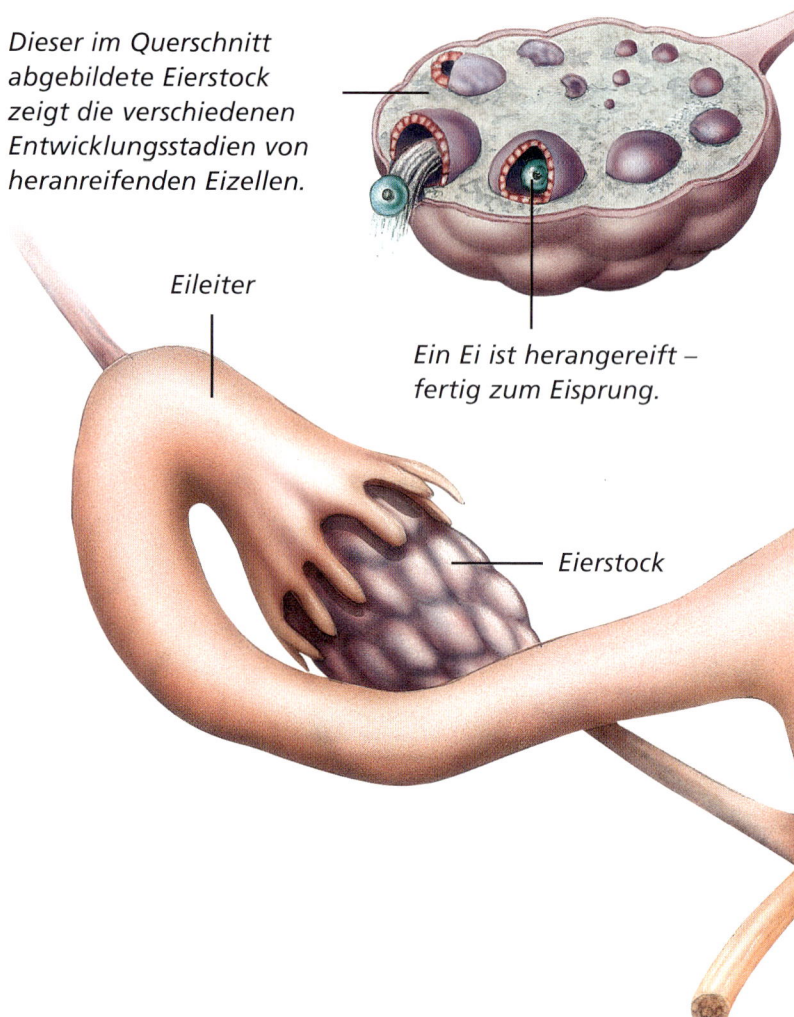

*Dieser im Querschnitt abgebildete Eierstock zeigt die verschiedenen Entwicklungsstadien von heranreifenden Eizellen.*

*Eileiter*

*Ein Ei ist herangereift – fertig zum Eisprung.*

*Eierstock*

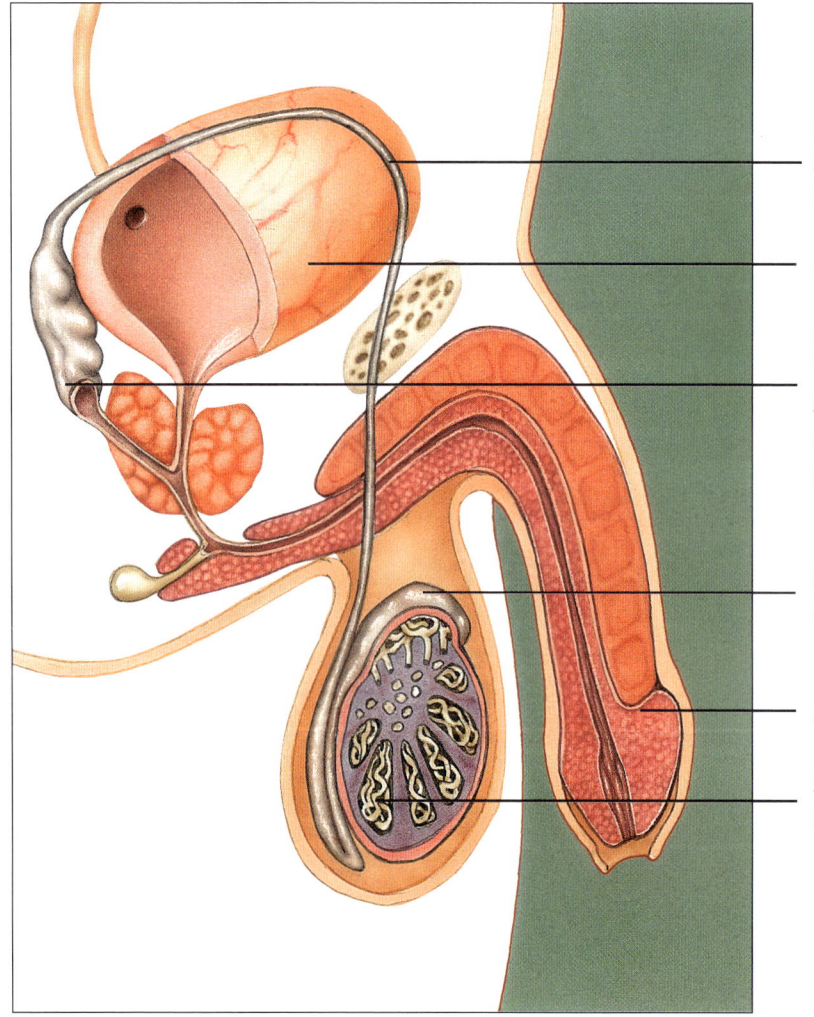

*Diese Röhre leitet die Samenzellen weiter und wird Samenleiter genannt.*

*Harnblase*

*Die Samenbläschen und die Vorsteherdrüse (Prostata) sondern Samenflüssigkeit ab, in der die Samenzellen gelöst sind.*

*Die Nebenhoden speichern die Samenzellen.*

*Penis*

*Samenzellen werden in den Hoden gebildet.*

**Die männliche Samenzelle**
Die Samenzelle (Spermium) sieht ein wenig wie eine Kaulquappe aus. Ungefähr 500 Millionen Samenzellen werden jeden Tag in den Hoden erzeugt. Wie auch die weibliche Eizelle, besitzt die Samenzelle Gene, die über Aussehen und Persönlichkeit der Nachkommen entscheiden werden. Der Schwanz des Spermiums dient zum Schwimmen. Spermien haben auf der Suche nach einer Eizelle eine lange Reise von der Scheide durch die Gebärmutter bis zum Eileiter vor sich.

*Kopf*

*Schwanz*

**Eizellen und Befruchtung**
Gewöhnlich verlässt jeden Monat eine Eizelle einen der beiden Eierstöcke. Diese wandert vom Eierstock in die Eileiter, wo es zur Befruchtung kommen kann, hinab. Ein einziges Spermium dringt in die Eizelle ein, indem es die Außenschicht durchbohrt.

Andere Spermien können danach nicht mehr eindringen. Spermium und Eizelle verschmelzen und bilden eine Zelle, die sich immer wieder teilt, bis sich ein Zellhaufen bildet, der sich in der Gebärmutterwand einnistet. Aus diesem Zellhaufen bildet sich der Embryo aus, der sich zum Fötus entwickelt.

*Die Samenzelle befruchtet die Eizelle im Eileiter.*

*Wenn ein Ei den Eierstock verlässt, transportieren es fingerartige Verlängerungen, die Fimbrien, in den Eileiter.*

*Die befruchtete Eizelle befindet sich nach 30 Stunden ungefähr an dieser Stelle.*

*Zwei bis drei Tage später*

*Vier Tage später*

*Nach fünf Tagen nistet sich der Zellhaufen in die Gebärmutterwand ein.*

*Die Gebärmutterwand verdickt sich, um den Embryo aufzunehmen.*

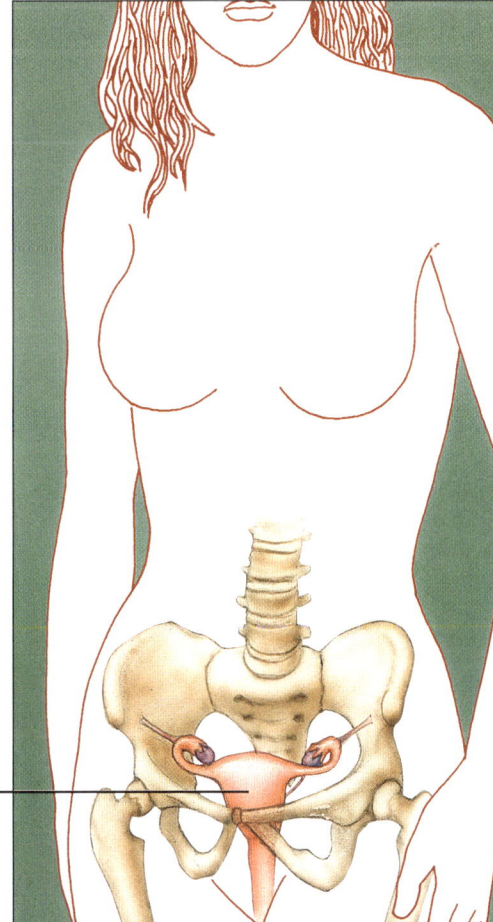

*Während der Schwangerschaft bleibt der Muttermund geschlossen.*

*Scheide*

*Die weiblichen Fortpflanzungsorgane liegen im Becken.*

39

# Ein Baby wächst heran

Jeder von uns beginnt sein Leben als mikroskopisch kleine Zelle. In nur neun Monaten entwickelt sich aus dieser einen Zelle ein Baby. Zuerst, im Bauch der Mutter, teilt sich die Zelle in eine beerenartige Gruppe von mehreren Zellen. Diese nistet sich in der Gebärmutter ein und wächst heran. Die Nabelschnur bringt das Blut vom Mutterkuchen zum Fötus. Im Mutterkuchen vermischt sich das Blut der Mutter mit dem des Kindes. Wenn das Baby so weit ist, dass es geboren werden kann, signalisieren chemische Reize, dass sich die Gebärmutter zusammenzieht und das Baby nach außen gepresst wird. Wenn die Nabelschnur nach der Geburt durchgeschnitten wird, hinterlässt das eine kleine Narbe beim Neugeborenen – den Bauchnabel.

**Die Stufen des Heranwachsens**

Um zu wachsen und zu überleben, benötigt der Fötus Nährstoffe und Sauerstoff aus dem Blutkreislauf der Mutter. Im Mutterkuchen befinden sich Gefäße, die den Blutkreislauf der Mutter mit dem des Fötus verbinden. Abfallstoffe aus dem Blut des Fötus werden vom Blut der Mutter wegtransportiert, und Nährstoffe aus dem Blut der Mutter versorgen den Fötus. Nach zwei Monaten ist der Babykörper in allen Teilen ausgebildet. Bis zum fünften Monat haben sich Fuß- und Fingernägel sowie alle wichtigen Organe entwickelt. Sogar die Augenlider sind bereits erschienen. Nach sieben und einem halben Monat sieht der Fötus schon fast wie ein Neugeborenes aus. Er ist dann ungefähr 38 cm lang, während ein Neugeborenes etwa 50 cm groß ist.

Wenn das Baby in diesem frühen Stadium auf die Welt kommt, kann es nur mit besonderer Pflege und Aufmerksamkeit überleben. Ein zu früh geborenes Baby wird Frühgeburt genannt.

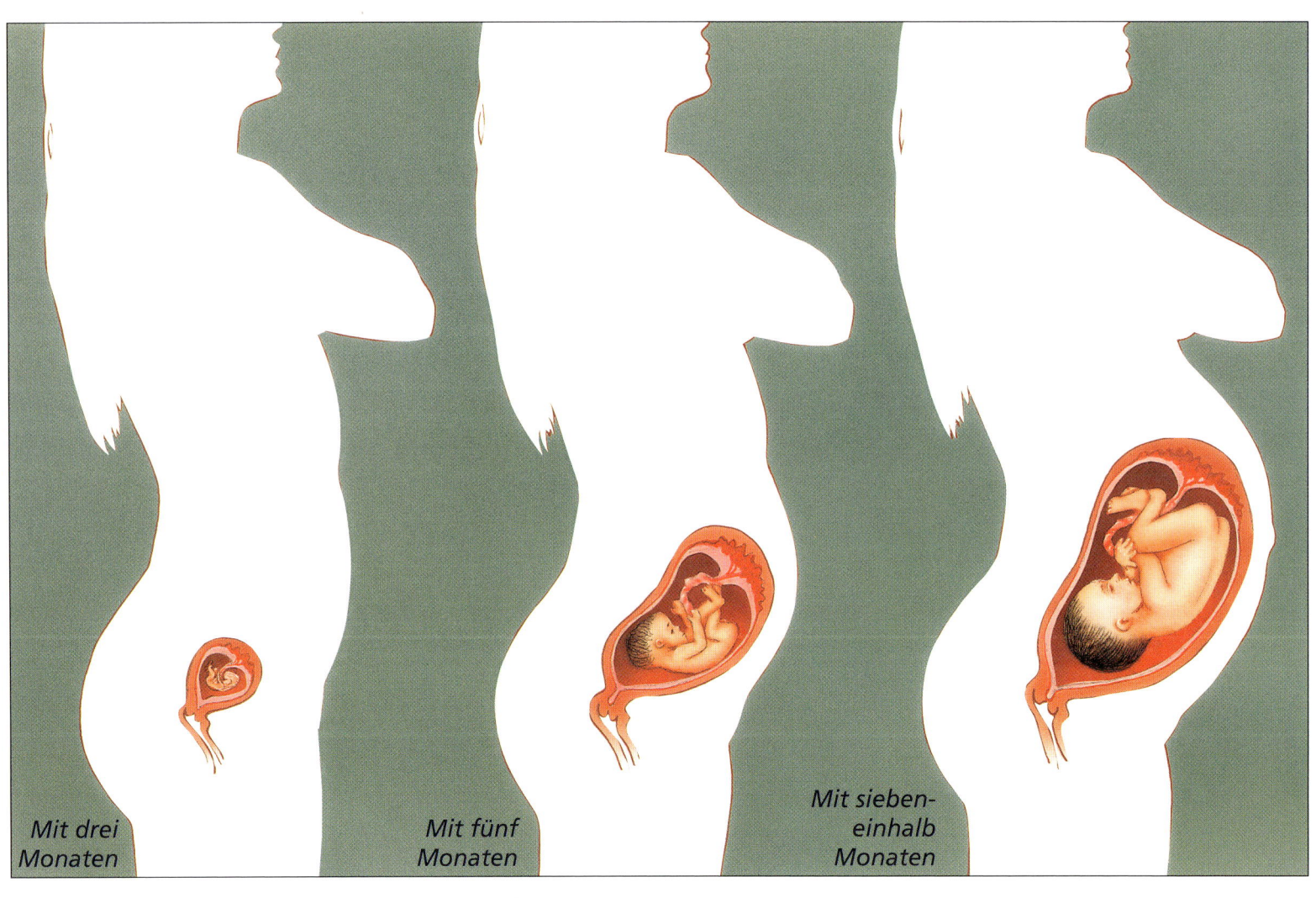

*Mit drei Monaten*

*Mit fünf Monaten*

*Mit siebeneinhalb Monaten*

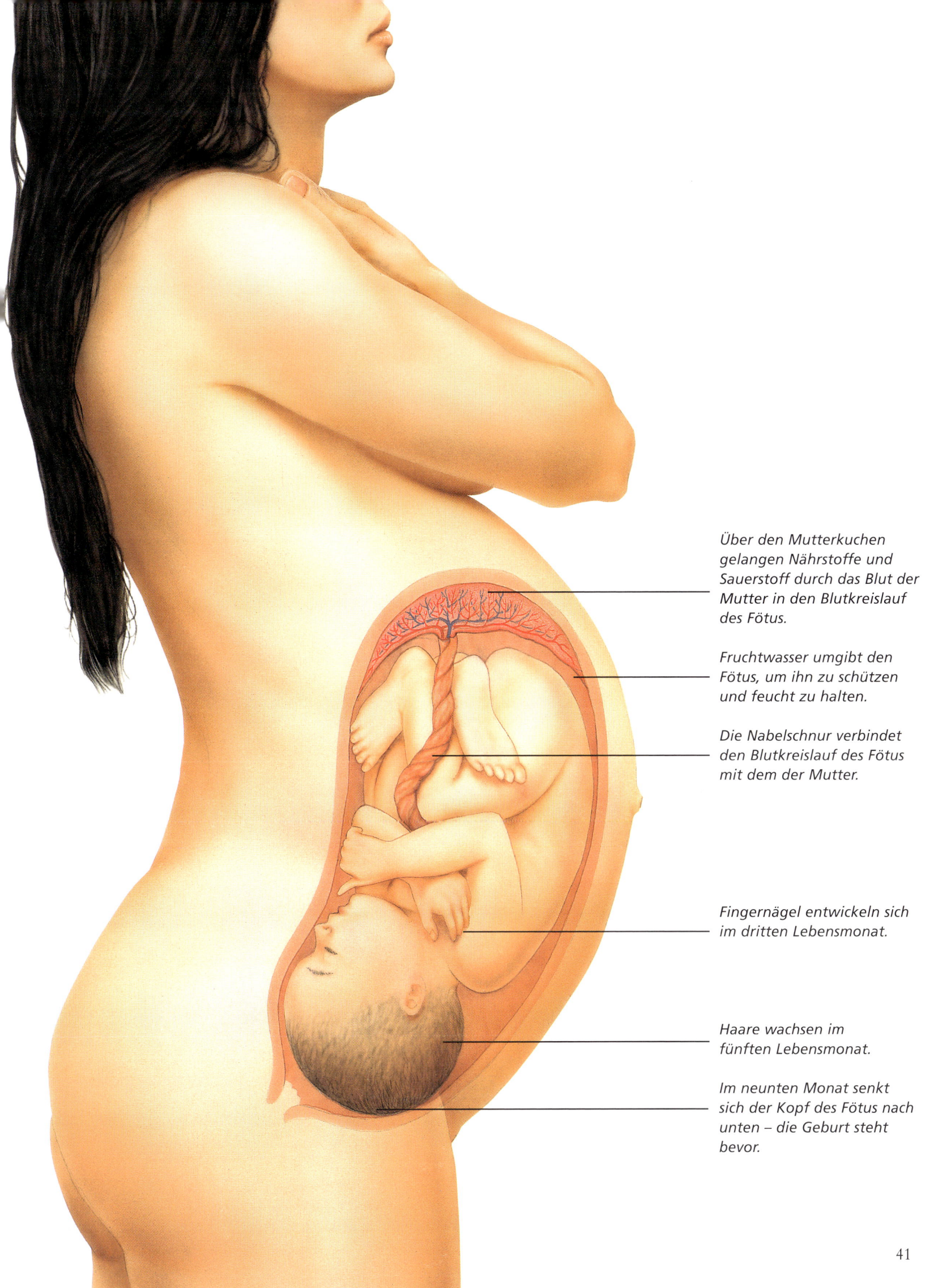

*Über den Mutterkuchen gelangen Nährstoffe und Sauerstoff durch das Blut der Mutter in den Blutkreislauf des Fötus.*

*Fruchtwasser umgibt den Fötus, um ihn zu schützen und feucht zu halten.*

*Die Nabelschnur verbindet den Blutkreislauf des Fötus mit dem der Mutter.*

*Fingernägel entwickeln sich im dritten Lebensmonat.*

*Haare wachsen im fünften Lebensmonat.*

*Im neunten Monat senkt sich der Kopf des Fötus nach unten – die Geburt steht bevor.*

41

# Gefahren

Millionen von Krankheitserregern befinden sich auf und im Körper. Im Normalfall schaden sie uns nicht, weil sie die Haut nicht durchdringen und der Magensäure nicht standhalten können. Es gibt aber Fälle, in denen sie trotzdem durch diese Sperren gelangen. Wenn das passiert, stürzt sich sofort eine Armee weißer Zellen auf sie, um den Körper zu schützen. Die meisten weißen Zellen befinden sich im Lymphgewebe oder im Blut. Es gibt verschiedene Arten von weißen Zellen, die zusammen das Immunsystem aufbauen. Die häufigsten sind die Fresszellen, weil sie ihre Gestalt verändern und die Erreger zerstören können. Manchmal kommt es vor, dass Krankheitserreger eine Art Schutzschild haben und den Angriff der Fresszellen abblocken. Dann übernehmen die Antikörper die Verteidigung, dringen in den Erreger ein und zerstören ihn.

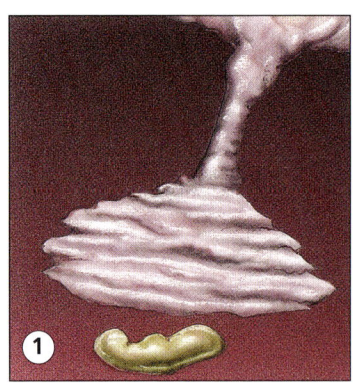
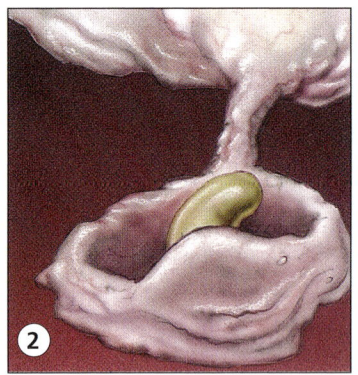

**Ein Krankheitserreger wird zerstört**
Das erste Bild (1) zeigt, wie eine Fresszelle arbeitet. Sobald sie eine Botschaft erhält, die besagt, dass ein Bakterium eingedrungen ist, begibt sie sich dorthin. Der ausgestülpte Teil bewegt sich auf das Bakterium zu und umschließt es (2). Das Bakterium wird von der Fresszelle geschluckt und von ihrer Zellwand fest umschlossen (3).

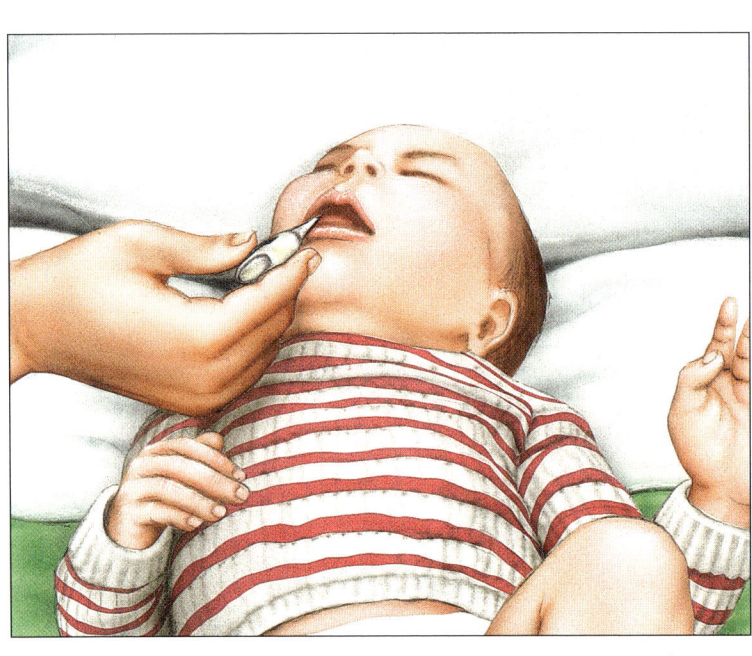

**Die Schutzimpfung**
Viele Krankheiten, die vor Jahren noch häufig auftraten, sind in den Industrieländern selten geworden. Dies liegt daran, dass sich die meisten Leute impfen lassen. Heutzutage werden wir bereits im Kindesalter durch Schluckimpfung oder durch eine Injektion geimpft. Über das Impfserum gelangen abgestorbene oder abgeschwächte Krankheitserreger in den Körper. Diese Erreger, die nicht stark genug sind, eine Krankheit hervorzurufen, bewirken, dass sich Antikörper bilden. Diese bleiben über einen langen Zeitraum im Körper und schützen uns vor einem Angriff krankheitsverursachender Erreger.

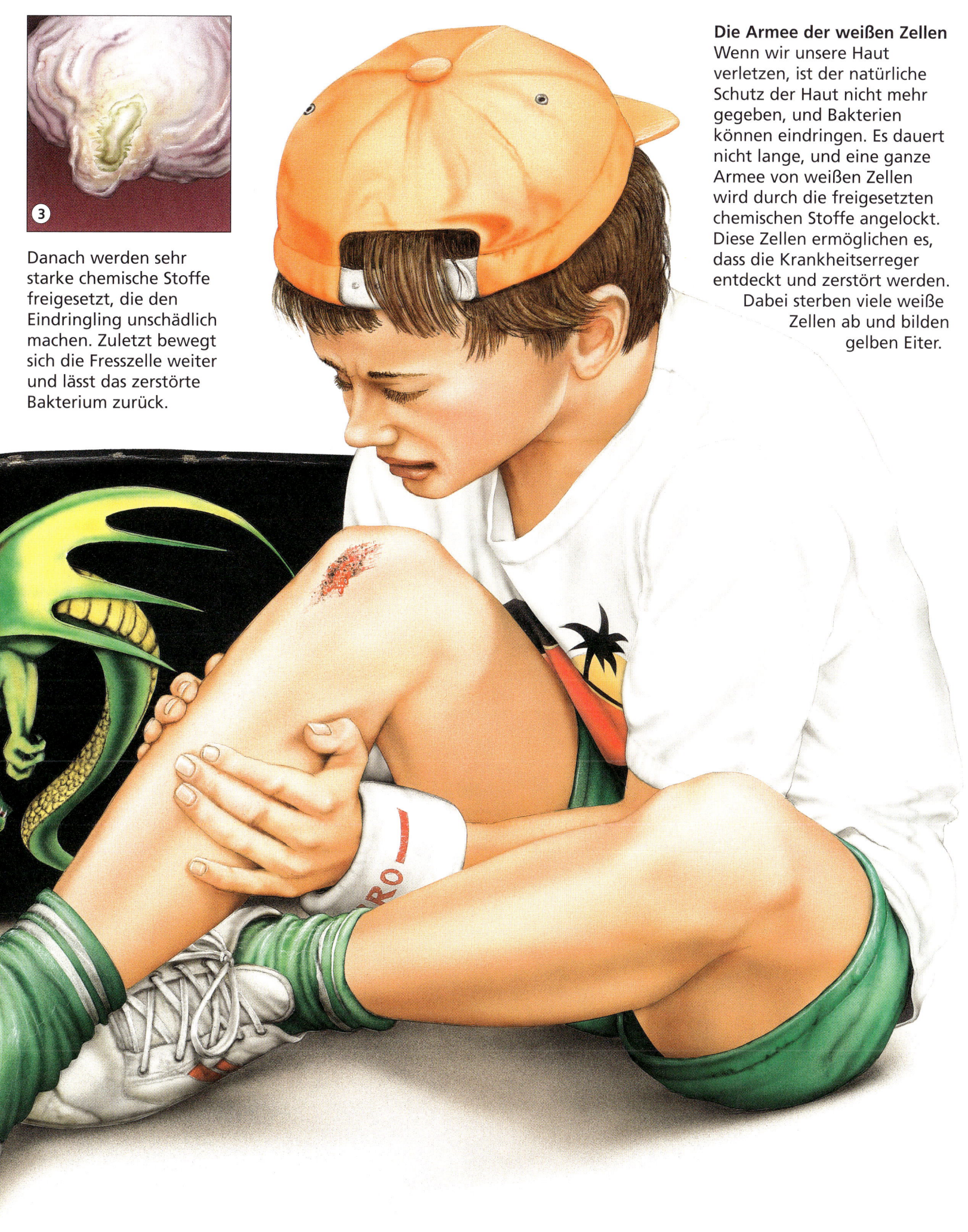

**③**

Danach werden sehr starke chemische Stoffe freigesetzt, die den Eindringling unschädlich machen. Zuletzt bewegt sich die Fresszelle weiter und lässt das zerstörte Bakterium zurück.

**Die Armee der weißen Zellen**
Wenn wir unsere Haut verletzen, ist der natürliche Schutz der Haut nicht mehr gegeben, und Bakterien können eindringen. Es dauert nicht lange, und eine ganze Armee von weißen Zellen wird durch die freigesetzten chemischen Stoffe angelockt. Diese Zellen ermöglichen es, dass die Krankheitserreger entdeckt und zerstört werden. Dabei sterben viele weiße Zellen ab und bilden gelben Eiter.

# Ersatzteile

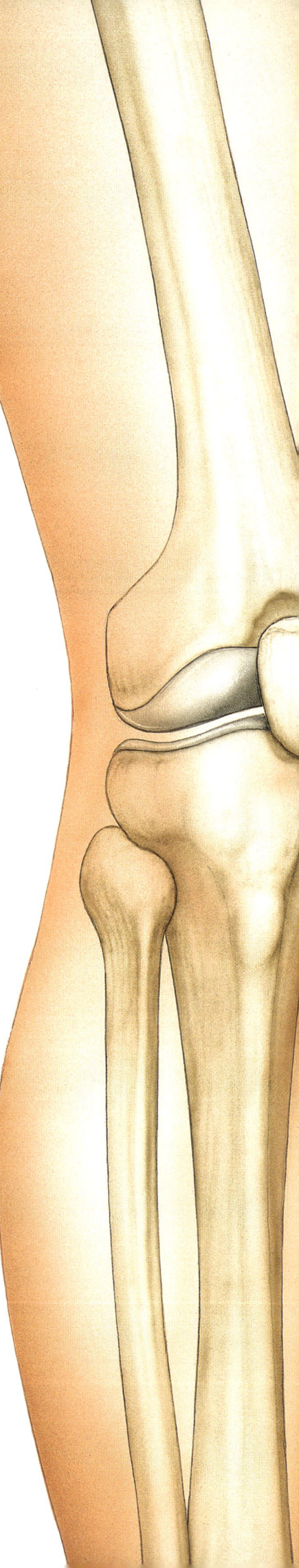

Heutzutage kann glücklicherweise vielen kranken Menschen durch Organverpflanzungen geholfen werden. Patienten mit schweren organischen Schäden – wie Herz- oder Nierenerkrankungen – können gesunde Organe eingesetzt werden.

Diese Operationen hängen vom Einverständnis der Menschen ab, die ihre Organe im Falle ihres Todes zur Verfügung stellen. Einige Menschen brauchen keine Organtransplantate, sondern können durch künstliche Implantate Heilung finden. Künstliche Gliedmaßen wurden z. B. für Menschen entwickelt, die ein Bein oder einen Arm verloren haben. Die Chirurgen können auch Teile aus dem Körper des Patienten entnehmen und an anderer Stelle wieder einsetzen.

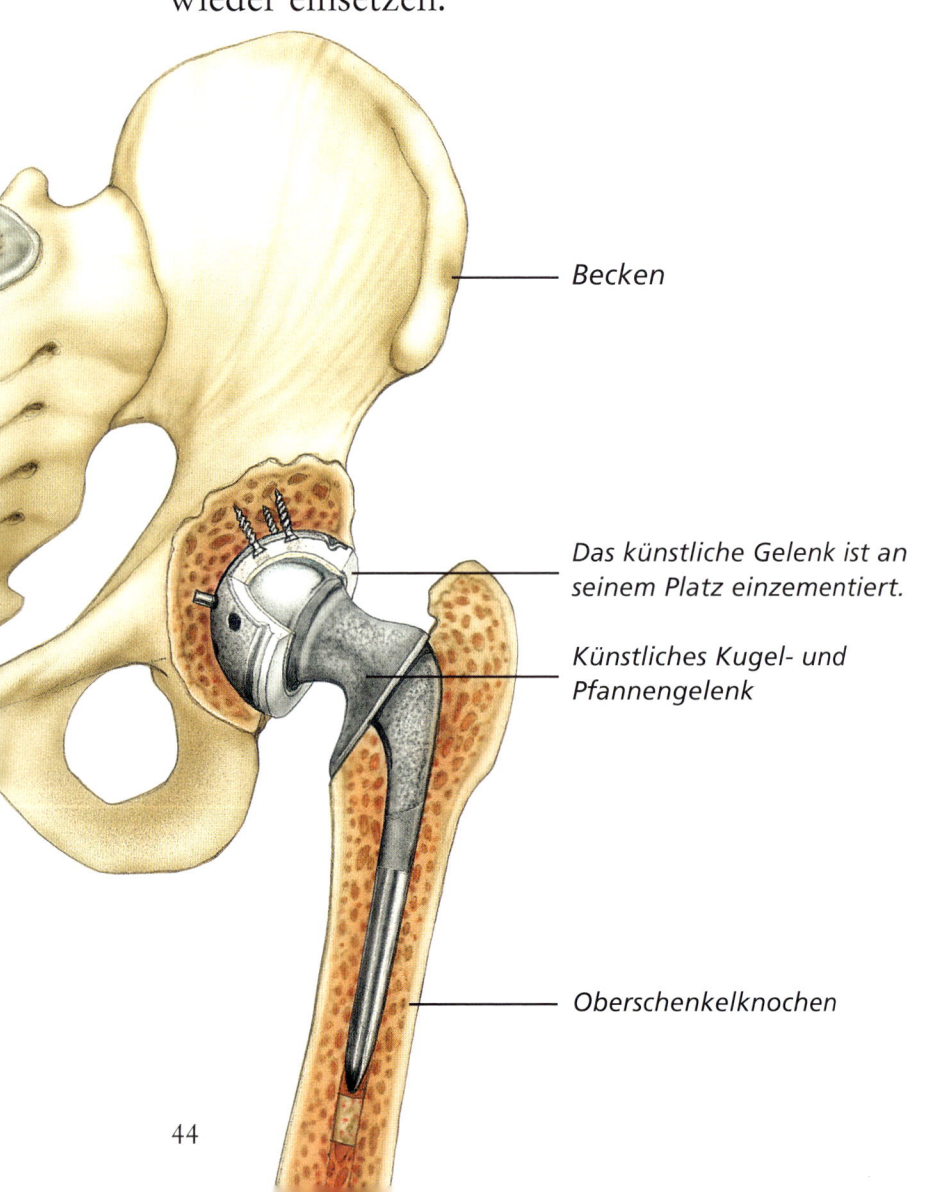

*Becken*

*Das künstliche Gelenk ist an seinem Platz einzementiert.*

*Künstliches Kugel- und Pfannengelenk*

*Oberschenkelknochen*

**Künstliche Gelenke**
Eines der gebräuchlichsten künstlichen Ersatzteile ist das Hüftgelenk. Künstliche Hüftgelenke erhalten meist Patienten, die unter Hüftgelenksarthrose leiden. Das kann passieren, wenn wir älter werden und sich unsere Gelenke abgenutzt haben. Ein solcher Verschleiß bereitet große Schmerzen und ist nicht leicht zu beheben. Ein künstliches Hüftgelenk besteht gewöhnlich aus Metall und wird in den Knochen des Oberschenkels einzementiert, nachdem das alte Gelenk zuvor entfernt wurde.

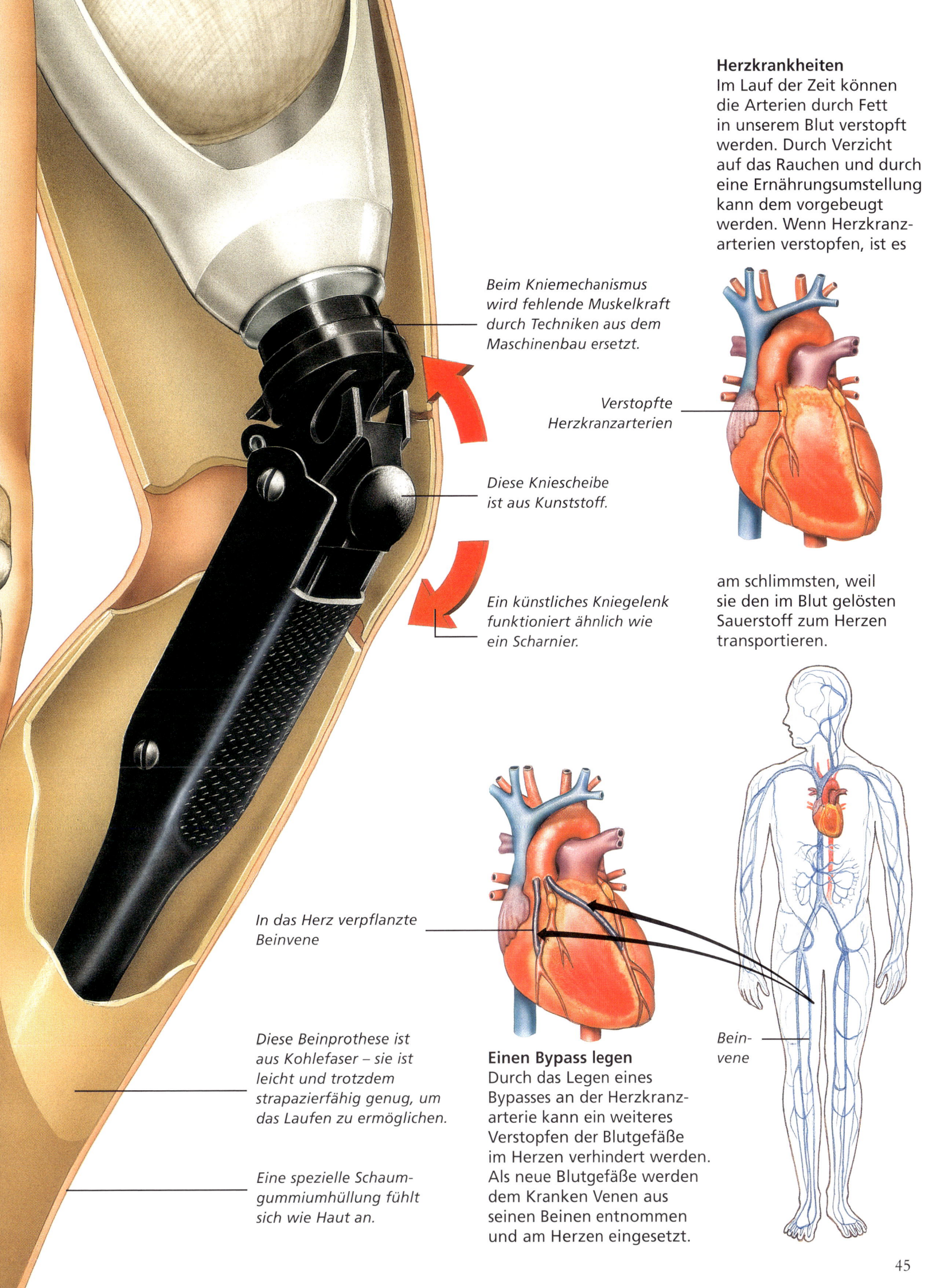

Beim Kniemechanismus wird fehlende Muskelkraft durch Techniken aus dem Maschinenbau ersetzt.

Diese Kniescheibe ist aus Kunststoff.

Ein künstliches Kniegelenk funktioniert ähnlich wie ein Scharnier.

Diese Beinprothese ist aus Kohlefaser – sie ist leicht und trotzdem strapazierfähig genug, um das Laufen zu ermöglichen.

Eine spezielle Schaumgummiumhüllung fühlt sich wie Haut an.

## Herzkrankheiten
Im Lauf der Zeit können die Arterien durch Fett in unserem Blut verstopft werden. Durch Verzicht auf das Rauchen und durch eine Ernährungsumstellung kann dem vorgebeugt werden. Wenn Herzkranzarterien verstopfen, ist es

Verstopfte Herzkranzarterien

am schlimmsten, weil sie den im Blut gelösten Sauerstoff zum Herzen transportieren.

In das Herz verpflanzte Beinvene

## Einen Bypass legen
Durch das Legen eines Bypasses an der Herzkranzarterie kann ein weiteres Verstopfen der Blutgefäße im Herzen verhindert werden. Als neue Blutgefäße werden dem Kranken Venen aus seinen Beinen entnommen und am Herzen eingesetzt.

Beinvene

# Register